Trotz größter Sorgfalt bei Recherche und Zusammenstellung der Touren in diesem Buch können die Autoren und der Verlag für die gemachten Angaben keine Gewähr übernehmen.

Auf jeden Fall freuen wir uns über Korrekturen, Anregungen und Verbesserungen zu diesem Freizeitführer.

Bildnachweis:

Titelfoto ("Blick von Gstadt auf Fraueninsel und Hochgern") und S. 127: Robert Schätzl jun.; Peter Schätzl (alle übrigen Fotos).

© 1996 Stöppel Verlag, D-82362 Weilheim
www.infodirekt.de/stoeppel

Redaktion: H.-H. Rohlfs, Herrsching
Karten: Computerkartographie Carrle, Schondorf a.A.
DTP: Robert Stöppel, Weilheim; H.-H. Rohlfs, Herrsching
Herstellung: Das Grüne Atelier, Holzkirchen
Lithos: Lorenz & Zeller, Inning a.A.
Druck: EOS, St. Ottilien
Printed in Germany

ISBN: 3-924012-48-2

Inhalt

★	Sehenswürdigkeit	🅿🆁	Parkplatz, Rastplatz
Kirche, Kapelle		🏐	Spielplatz
Burg, Schloß		Bf	Bahnhof
Ruine		U S	U-Bahn / S-Bahn
Turm, Mahnmal		Mountainbike	
M	Museum Freilichtmuseum	J Λ	Jugendherberge, Camping
Freibad, Hallenbad		F	Freizeitpark
Gasthaus, Biergarten		Aussichtspunkt	
ND	Naturdenkmal	✝	Wegkreuz, Marterl
Windmühle, Wassermühle		Grabhügel	

Tourenverlauf:

Startpunkt O → Richtungspfeil → Steigungen → Abstecher

Abkürzung, Alternative

So zeigt sich der Chiemsee vom "Balkon" Kampenwand aus

Symbolerklärungen

km   Streckenlänge, Dauer der Tour

START   Startpunkt

    Streckeninformationen, Besondere Hinweise

    Einkehrmöglichkeiten

    Bademöglichkeiten, Seen, öffentliche Bäder

    Öffnungszeiten

i   Informationsstellen

Vorwort

Liebe Radlfreunde!

Der Chiemgau, diese alte Kulturlandschaft mit ihrem liebenswerten bäuerlichen Charakter, wird auch Sie faszinieren!
Auf kleinen verkehrsarmen Straßen und Wegen dürfen Sie, auf einem Touren- oder Allzweckrad sitzend, mit unserer Unterstützung auf Entdeckungsreise gehen. Sie werden mit zunehmend geschärften Sinnen die Naturschönheiten dieses verschwenderisch ausgestatteten Landstrichs wahrnehmen: dunkle Moorgefilde, schimmernde Seen, romantische Waldverliese, wellige Hügelreihen bis hin zu bizarren Gipfelfelsen. Es wird Ihnen kaum gelingen, sich dem Zauber so mancher malerischen Siedlung mit ihren großartigen Denkmälern altbayerischer Kultur oder ihren oft „versteckten" Kostbarkeiten zu entziehen. Nicht zuletzt werden Sie den Spuren folgen, die das Salz, das „Weiße Gold", und das Eisen in dieser Region hinterlassen haben.

Die Palette der Rundkurse hat äußerst Bequemes bis Sportliches zu bieten, wird jedoch einen Durchschnittsradler niemals überfordern (bei Kindern bitte keinen falschen Ehrgeiz entwickeln!). Außerdem bleibt immer noch Zeit für eine griabige Einkehr, eine Kulturpause oder den Sprung ins kühle Naß. Eine Besonderheit unseres Konzepts - die Rundkurse sind netzartig zu verbinden - eröffnet Ihnen unzählige Variations- und Kombinationsmöglichkeiten.
Spezielle kulturelle oder landschaftsbezogene Hinweise wie auch Alternativ- und Abstechertips sind in die Tourenbeschreibung in Kleindruck eingefügt. Ganz im Sinne des „Sanften Tourismus" haben wir neben den Möglichkeiten, Bahn und Chiemseeflotte mit in die Planung einzubeziehen (siehe Seite 116), auch an kombinierte Ausflüge gedacht, deren I-Tüpferl eine genußvolle (Berg-) Wanderung oder - ausnahmsweise - eine Gondelfahrt auf einen der heimischen Berggipfel sein könnten.
Neben dem Angebot, an bestimmten Bahnhöfen ein Fahrrad zu mieten, gibt es in den Urlaubsorten auch zunehmend mehr private Fahrradvermietungen (zu erfragen bei den Verkehrsämtern).

Viel Freude und gute Erholung beim Strampeln wünschen Ihnen

Alma-Maria und Robert Schätzl

Der Chiemgau, Land der Berge und Seen

Entsprechend den historischen Gegebenheiten verstehen wir als Chiemgau das Gebiet zwischen Inn und Traun, der Landesgrenze im Süden und der Linie Trostberg - Wasserburg im Norden.

Am Ende einer viele Millionen Jahre andauernden erdgeschichtlichen Entwicklung hat dieses Terrain nach der letzten Eiszeit, der Würmeiszeit, vor etwa 15 000 Jahren, im wesentlichen seine heutige Ausprägung erhalten. Die Alpen hatten sich einst aus Falten in der Erdkruste gebildet. Nun hinterließen uns riesige, sich nach Norden schiebende, Gletscher, die durch allgemein eintretende Erwärmung abschmolzen, die heute so begehrten lieblichen Seen. Ihrem Geschiebe, das sie als Moränen ablagerten, verdanken wir die hügelgewellte Landschaft. Die Wasserflächen der Seen schrumpften, die beeindruckenden ausgedehnten Moore entstanden. Flora und Fauna boten sich ideale Lebensbedingungen.

Die Spuren des Menschen in diesem Revier reichen bis ins dritte vorchristliche Jahrtausend zurück. Ca. 300 v. Chr. drangen die Kelten in den Chiemgau ein (die heutigen Flußnamen, z. B. Inn, Prien, Achen, sind keltischen Ursprungs). 15 v. Chr. begann die Romanisierung, das Gebiet um den Chiemsee bildete nun den Westteil der Provinz Noricum. Die Römerstraße Augusta Vindelicorum (Augsburg) - Juvavum (Salzburg) brachte den verkehrsmäßigen Anschluß an das römische Weltreich. Der keltische Chiemseegott Bid wurde von den fremden Gottheiten gegenüber toleranten Römern als Wassergott Bedaius übernommen (Bedaium = Seebruck).

500 Jahre später, nach der Einwanderung der Bajuwaren, setzte die neue kulturschöpferische Epoche des Abendlandes, das unter christlichen Vorzeichen stehende Mittelalter, ein. Ab dem 6. Jh. wurde von Salzburg aus missioniert; einer der Missionare war auch der hl. Rupert. Bonifatius teilte das Gebiet 739 kirchlich dem Bistum Salzburg zu, bei dem es bis 1808 blieb. Jahrhundertelange Kulturarbeit leisteten das Augustiner-Chorherrenstift Baumburg (siehe Seite 61), das Benediktinerkloster Seeon (siehe Seite 57) und die beiden Inselklöster.

Eine Kurzcharakteristik der beiden großen Eilande im Chiemsee wird, so hoffen wir, Ihnen deren Bedeutung aufschließen. Die Benediktinerklöster auf den beiden Inseln wurden bereits im 8. Jh. durch Herzog Tassilo III. gegründet. Auf Herrenchiemsee störten im 10. Jh. die Ungarn die Fortentwicklung der klösterlichen Tätigkeiten. Im 12. Jh., nunmehr Augustiner-Chorherrenstift, setzte dann aber eine Blütezeit ein, die in der Erhebung zum Suffraganbistum Chiemsee gipfelt (1215). Die Bischöfe residierten allerdings im „Chiemseehof" in Salzburg, heute Sitz der Salzburger Landesregierung. Das alte Kloster Herrenwörth, „Altes Schloß" genannt, bietet als Opfer der Säkularisation nur mehr einen Abglanz vergangener Pracht (Bibliothekssaal/Joh. Bapt. Zimmermann - zugänglich im Rahmen wechselnder Ausstellungen - und Kaisersaal/ Malereien von Benedikt Albrecht). Im Sommer 1948 skizzierte im Alten Schloß der Verfassungskonvent einen Grundgesetzentwurf. Die einstige Kathedrale ist weitgehend zerstört. Ihr Langhaus war in ein Bräuhaus umgestaltet worden. Doch die Bevölkerung boykottierte das hier gebraute Bier... Unbestrittene Fremdenattraktion ist das unvollendet gebliebene Königsschloß mit dem Ludwig-II-Museum (Öffnungszeiten: ganzjährig, Okt. bis März 10-16 Uhr, April bis Sept. 9 -17 Uhr, Führungen). Abseits des Rummels findet der Naturliebhaber viel Raum für Spaziergänge.

Auch auf die Fraueninsel brachten die Ungarn Zerstörung. Nach einer wechselvollen Geschichte wurde das Benediktinerinnen-Kloster 1803 aufgelöst. König Ludwig I. ließ es 1837 wiedererstehen. In der Münsterkirche Maria Opferung liegt die selige Irmengard, Äbtissin von Frauenwörth, begraben. Auf dem kleinen Friedhof wurde neben alteingesessenen Inselbewohnern so mancher Prominente zur letzten Ruhe gebettet. Das Torhallenmuseum (Fresken und Kunsthandwerk aus der Karolingerzeit) und die Gemäldegalerie haben von Mai bis Okt. tgl. von 11-18 Uhr geöffnet. Die Insel der Fischer und Künstler mit ihrem unwiderstehlichen Zauber kann man in etwa einer Dreiviertelstunde umwandern.

Politisch wurde der Chiemgau - seit der Römerherrschaft zum Herzogtum Baiern gehörig - nach einem Intermezzo einer Verwaltung durch starke Gaugrafengeschlechter zum Spielball zwischen dem Fürsterzbistum Salzburg und den baierischen Herzögen. Ende des 13. Jh.s verzichtete Salzburg auf seine weltliche Macht.

Eine wichtige Einnahmequelle des Landesherrn war das lebensnotwendige Salz. Jener Industriezweig, basierend auf den vor vielen Jahrmillionen entstandenen riesigen Salzlagerstätten, prägte jahrhundertelang den Chiemgau. Der Salztransport auf Land- und Wasserwegen bis nach Böhmen und in die Schweiz begünstigte zudem den Kulturaustausch. Die zahlreich vorhandenen Spuren werden sich mit Hilfe der am Rande der Radtouren vielfach anzutreffenden Informationen zu einem tauglichen Gesamtbild formieren. Die Salzgewinnung stand in enger Verbindung zur Eisenverarbeitung (Schwerpunkt Priental), deren Erzeugnisse wiederum Verwendung in der Salzindustrie fanden. Bayerns „salzige" Geschichte wird heute nur noch von Bad Reichenhall und Berchtesgaden geschrieben; die Anna-Hütte von Hammerau im Rupertiwinkel steht für die heutige Montanindustrie.

Rosenheim, westliches Eingangstor in den Chiemgau

Vor etwa 400 Jahren gab es im bayrischen Volk einen Spruch, der lautete: „Wer in den Landen der Baiern sich niederzulassen sinnet, der suche auf Landsberg und Rosenheim zu fallen; denn er wird fallen in die Silbergrube dort und die Schmalzgrube hier." Ihren (fast) ungebrochenen Reichtum verdankt diese südostbayerische Metropole, eine typische Innstadt, seit jeher ihrer verkehrsgünstigen Lage. Bereits zur Römerzeit überspannte östlich von Pfaffenhofen eine Brücke den Inn (Militärstation Pons Aeni), am Schnittpunkt zweier bedeutender Handelsstraßen (Augsburg - Salzburg und Brenner - Regensburg) gelegen. Jene Brücke wurde später flußaufwärts an die Einmündung der Mangfall verlegt. Die Innschiffahrt und der Salzhandel brachten der dort aufstrebenden Siedlung eine erste Blüte. Auf dem Max-Josephs-Platz, der ehemaligen Schranne, heute die „Gute Stube" Rosenheims, wurde eifrig gefeilscht. 1810 siedete man in der neuerbauten königlichen Saline das erste Salz und läutete damit die Industrialisierung Rosenheims ein. Die erforderliche Sole wurde von Bad Reichenhall über 79 km hierher geleitet. Die Salinen-Tradition endete 1958. Auf dem ehemaligen Salinengelände wurde die Stadthalle errichtet.

Die alten **Bürgerhäuser** im Inn-Salzach-Baustil mit reizvollen Laubengängen, das **Mittertor** des einstigen Altstadtrings, der **Skulpturengarten** an der Stadthalle (Großplastiken einheimischer Künstler), so manches versteckte Kleinod und gemütliche Cafés lassen einen Stadtbummel zum Erlebnis werden. Im Lokschuppen am Rathaus werden Sonderausstellungen aus Kunst, Kultur und Brauchtum gezeigt.

Auch Museen verlebendigen Rosenheimer Geschichte und Kultur:
Das **Innmuseum** (wasserbau- und schiffstechnische Sammlung) hat
von April bis Okt. Fr 9-12 Uhr, Sa So 10-16 Uhr geöffnet. Eine Zement-
plätte, einen geologischen Lehrpfad u. a. präsentiert das zugehörige
Freigelände am Inn.

Die Geschichte der Holztechnik veranschaulicht das **Holztechnische
Museum** (Öffnungszeiten: Di bis Sa 9-12 und 14-17 Uhr, So Mo Fei geschlossen).

Das **Heimatmuseum** beherbergt eine kulturgeschichtliche Sammlung
aus Stadt- und Landkreis Rosenheim; es hat Di bis Sa 9-12 und 14-17
Uhr geöffnet, So Mo Fei geschlossen.

Die Städtische Galerie veranstaltet jährlich sechs Kunstausstellungen
(Öffnungszeiten: Di bis Sa 9-13 und 14 -17 Uhr, So 10-13 und 14-17 Uhr,
Mo Fei geschl.).

Auch die **Kirchen** Rosenheims sind einen Besuch wert:
Regotisierte Stadtpfarrkirche St. Nikolaus mit der originellen Zwiebel-
haube, gotische Hl.-Geist-Kirche („Lucca"-Bild), Barockjuwel Spitalkirche
St. Joseph, Loretokirchlein (Nachbildung des „Casa Santa" von Loreto),
Kapuzinerklosterkirche St. Sebastian und Roßackerkapelle (barock).

Treffpunkt für einen Stadtrundgang mit Führer ist der Stadthallenvor-
platz (Mai bis Okt. Sa 14 Uhr).

 Auskünfte erhalten Sie beim Verkehrsbüro Rosenheim am Salingarten: Tel. 08031/3001-10.

1

Griabiger Innauen-Ausflug

Beim Recherchieren für dieses 1992 erstmals erschienene Radwander-buch gab es die offizielle Ausschilderung „Inntal-Radwanderweg" noch nicht. Da sich unsere damals erarbeitete Streckenführung mit der inzwischen eingeführten nahezu deckt, können wir bei dieser Tour weitgehend auf eine detaillierte Beschreibung ihres Verlaufs verzichten.

Toureninfos

km 44 km.

Die Radwegstrecken entlang des Inns erfordern wenig Kraftaufwand. Nennenswerte Anstiege sind hinauf nach Rott und auf den Höhenrücken von Griesstätt zu bewältigen.

START Rosenheim, Bahnhof.

Ausflugsgaststätte Erlensee (Terr Bg); Rott; Griesstätt, Gasthaus zum Jagerwirt; Vogtareuth, Landgasthof Vogtareuther Hof (Terr); Bad Leonhardspfunzen, Zum Baodwirt (Terr); Rosenheim.

Badeweiher Dangl 1 und Dangl 2; Erlensee; Waldsee/Kiosk; Rotter Ausee/Kiosk; Rosenheim, Warmfreibad und Hallenbad.

Info
Den kulturellen Höhepunkt am Rande dieser Runde, die **Rokokoinsel Rott** (Alternativschleife!), verwehren uns Restauratoren für einige Zeit, zumindest teilweise noch bis zum Jahre 2000. Trotzdem ist es wert, unseren eigentlich ansonsten nicht übermäßig strapazierten Wadenmuskeln den Weg hinauf zur schmucken Siedlung Rott zuzumuten, die vom Hochterrassenrand des Inntales aus in schöner Aussicht schwelgt.

Tip
Wer diesen Ausflug dennoch mit einer Prise Kunsthistorischem würzen möchte, dem empfehlen wir von Griesstätt aus den kurzen Abstecher hin zum einsam nahe des Inns gelegenen **Dominikanerinnenkloster Altenhohenau** (siehe Seite 34).

Bei sommerlichen Temperaturen sollten Sie die Badehose für den verlockenden Sprung ins Wasser nicht einzupacken vergessen!

Von der Südseite des Rosenheimer Bahnhofreviers aus (über den erhöhten Übergang zu erreichen) beradeln wir kurz nach links die Klepperstraße, hinter der Kunst-Mühle Rosenheim (hier nach rechts!) den Radweg parallel zum Kanal, der dann in den Mangfall-Radweg einmündet. Am Ende des Innzipfels mausert sich jener dann zum Inntal-Radwanderweg.

Info Für eine ganze Weile werden wir nun den in Graubünden entsprungenen **Inn**, den wasserreichsten Fluß Bayerns, begleiten. Er hat bereits das Engadin und Nordtirol durchflossen und schiebt sich nun der Donau entgegen. Über 2000 Jahre lang diente er als Transportweg für Reisende, zeitweise auch Truppen, für Waren unterschiedlichster Art und Herkunft. Die fast mystische Ruhe läßt uns ein wenig in die Vergangenheit zurückträumen: Romantische Gefühle hatten sie wohl damals nicht, die „Ruederer", die die Plätten geschickt in der Fahrrinne stromabwärts (Naufahrt) steuern mußten. Harte Knochenarbeit bedeutete für diese Männer und die Zugtiere vor allem dann die Gegenfahrt, die „Hohenau", die fast unvorstellbar aufwendig war!

Ziemlich flott kommen wir auf dem ausgezeichnet befahrbaren Dammweg voran.

Info An sommerlichen Tagen empfiehlt es sich, auf diesem Tourenabschnitt das Angebot der (vier!) bequemen **Bademöglichkeiten** zu testen: Kurz hinter Flußkilometer 178,2 ermöglicht eine Dammtreppe Zugang zu den Badeweihern Dangl 1 und Dangl 2. Bei 176,8 bietet sich der Erlensee an. Der idyllische Waldsee liegt etwas versteckt zwischen 175,0 und 174,8 (Wegweiser „Hochstätt"). Auch der Rotter Ausee ist für Wassernixen leicht zu finden!

Beim E-Werk verlassen wir den Dammweg. Hinter der Rottbrücke schwenkt der Inntal-Radwanderweg nach rechts, spurt durch die reizvollen Auen.

Tip **Alternativangebot:** Hauptanziehungspunkt des vor uns auf einer Anhöhe thronenden **Rott** ist die eigenwillig zweigetürmte ehemalige Klosterkirche. Der erbenlose Pfalzgraf Kuno von Rott (Stiftergrabmal von Wolfgang Leb im Vorraum der Kirche) war es, der Ende des 11. Jh.s die Benediktinerabtei Rott gründete. Ein glücklicher Umstand fügte es, daß Mitte des 18. Jh.s die Umbaupläne für die mittelalterliche Kirche St. Marinus und Anianus verworfen wurden, und Joh. Mich. Fischer aus München am Rande des Chiemgaus eines seiner erlesensten Werke schaffen konnte, ausgestattet mit jubilierender Barockpracht namhafter zeitgenössischer Künstler wie den Stukkatoren Franz X. Feichtmayr und Jakob Rauch, dem Maler Matthäus Günther und den Schnitzern Ignaz Günther und Joseph Götsch. Auch außerhalb der Öffnungszeiten für eingehende Besichtigung/Führung vermittelt ein Blick durchs barocke schmiedeeiserne Gitter die Schönheit dieses Gotteshauses. Leider werden bis etwa zur Jahrtau-

sendwende Restauratoren dieses
Kleinod besetzt halten, damit es auch
für die nachfolgenden Generationen
erhalten bleibt. Auf dem Friedhofs-
gelände finden wir die Grablege von
Franz Josef und Marianne Strauß.

Über die Münchener Straße und die
Haager Straße gelangen Sie nach
Meiling und Katzbach. Kurz vor der
Innbrücke dann an die Normalroute
anzubinden, dürfte mit Hilfe der
Kartenskizze einfach sein.

Hinter dem friedvollen Auenrevier
lenken wir nach rechts und folgen
nach 400 m der Wegtafel „Griesstätt".

Info

Meister Ignaz Günther hat die mit einem nadelspitzen Kirchturm gezierte
Pfarrkirche St. Johann Baptist von
Griesstätt durch eine ausdrucksstar-
ke Kreuzigungsgruppe bereichert.
Vom Zentrum Griesstätts aus ist's nur
ein Katzensprung zum Dominikanerinnenkloster **Altenhohenau** (siehe
auch Seite 34!).

Am Ortsrand jenes hochgelegenen Dorfes werden bereits Vogtareuth und Schloßberg angekün-
digt.

Info

Auch in **Vogtareuth** lohnt es sich,
eine kleine Kulturpause einzulegen.
Die beiden reizvollen Rokoko-Seitenaltäre am Chorbogen der Pfarrkirche
St. Emmeram hat Joseph Götsch geschaffen. Im Vogteigebäude (Walm-
dach!) residierte bis zur Säkularisation ein Propst - die Pfarrei unterstand
dem Regensburger Benediktinerkloster St. Emmeram.

15

Ab Vogtareuth nähern wir uns nach und nach wieder mehr dem Strom, strampeln in strengem Südkurs unserem Ausgangsort zu. Doch da stoppt die Einladung des „Baodwirts" unseren Bewegungsfluß, lockt uns nach Bad Leonhardspfunzen (am besten in Höhe des Trafohauses abbiegen!).

Info

Bereits in der Römerzeit gab es in **Bad Leonhardspfunzen** eine begehrte Quelle. 1734 wurde sie wiederentdeckt, wurde zur St.-Leonhards-Heilquelle, deren Wasser heute vermarktet wird. Die gepflegte St.-Leonhards-Kapelle und der benachbarte St.-Leonhards-Brunnen mit dem römischen Altarsteinsockel als Becken lenken die Augen der Besucher auf sich. In der Wirtsstube des Baodwirts birgt eine Vitrine Funde aus der endneolithischen Siedlung Dobl und römische Keramikfragmente. Übrigens überspannte etwa in Höhe von Mühlthal zur Römerzeit eine Brücke den Inn - Pons Aeni (= Brücke des Inns) wurde die dort erstellte Militärstation der Kolonisatoren genannt; sie wurde zur Keimzelle Rosenheims.

Von Schloßberg aus die Innbrücke, die Innstraße und dann die bereits bekannten Radwege benutzend den Bahnhof wiederzufinden, dürfte keine Schwierigkeiten bereiten.

2

Zu hübschen Badeplätzen im Revier der Drumlins

Toureninfos

km 30 km

🚴 Eine, vom Kräfteaufwand her betrachtet, anspruchslose Tour, gekoppelt mit anspruchsvollen Naturerlebnissen; sanfte Buckel im Bereich der Seen.

START Rosenheim, Bahnhof.

🍴 Stephanskirchen, Gasthaus Antretter (Bg); Weinberg, Gocklwirt/ Spezialitätenrestaurant (Bg); Waldgasthof Liebl (Bg); Prutting, Gasthof zur Post (Bg Terr); Bad Leonhardspfunzen, Zum Baodwirt (Terr); Rosenheim.

🛁 Simssee, Badeplatz/Kiosk; Rinnsee/Kioske; Hofstätter See/Kiosk; Rosenheim, Warmfreibad und Hallenbad.

🕐 Weinberg/Gocklwirt, Freiluft-Technikmuseum: frei zugänglich, Welturh: So 15 Uhr, Führung ab 10 Personen.

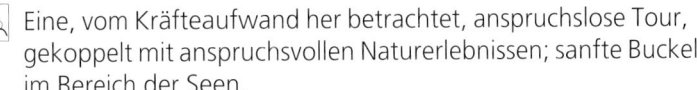

Unser Start gestaltet sich zunächst wie bei Tour 1. Bei der zweiten Mangfallbrücke wechseln wir jedoch auf die Innstraße nach rechts und fädeln vor der Innbrücke in den Inntal-Radwanderweg flußaufwärts ein.

▨ **Innmuseum** und Freigelände des Innmuseums siehe Seite 12.

In einem Linksbogen vertrauen wir uns dem Radweg „Schloßberg" an, parallel zur Staatsstraße 2095 verlaufend. Zu Beginn des Parkplatzes schwenken wir nach links, an der Mühlstraße nach rechts und nach ca. 250 m wiederum in die gleiche Richtung. Hinter Westerndorf benutzen wir den Radweg hinüber nach Stephanskirchen. Schon bald landen wir

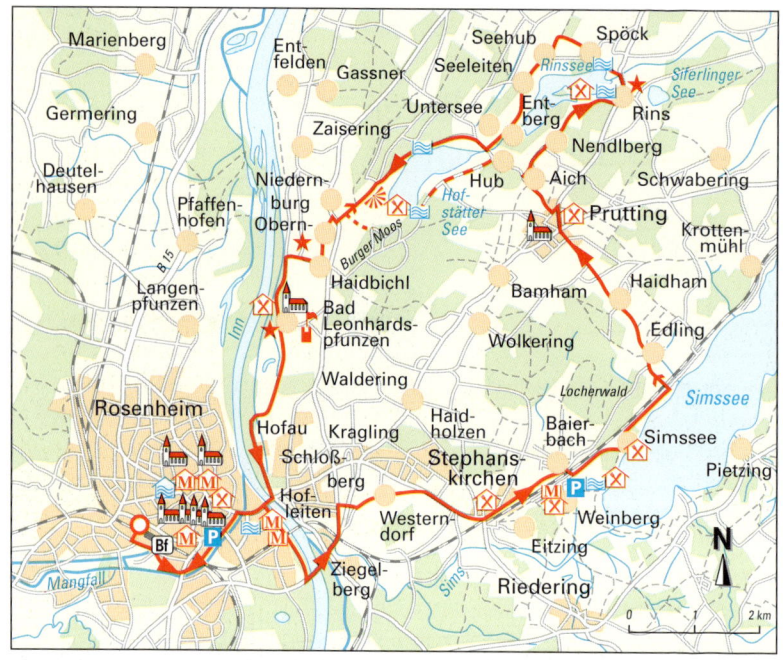

in Baierbach. Unsere Route macht hinter der Bahnunterführung einen Linksknick, der ersehnte Simssee ist schon zum Greifen nahe. Doch da stoppt der Stumpf einer rund 1900 Jahre alten Mooreiche unseren Schwung und lädt uns zunächst ein in das Revier des Gocklwirts.

Info

Um das gemütliche Restaurant Gocklwirt am Weinberg herum fasziniert ein kleines, aber gut bestücktes **Freiluft-Technikmuseum**. Es beeindrucken uns z. B. eine Waschmaschine aus dem Jahre 1795, eine riesige Weinpresse (1851) und vieles andere mehr. Eine von einem Oberpfälzer gebastelte Welturh hat nach unstetem Leben auf Jahrmärkten hier beim Gocklwirt ihren Altersruhesitz gefunden.

Der **Simssee** liegt in einem Zweigbecken des ehemaligen ausgedehnten Rosenheimer Sees und wird von der Sims, die die Moränenwälle im Südwesten durchbrechen konnte, entwässert. Wegen seiner geringen Tiefe von maximal 23 m erwärmt er sich schnell, relativ frühes Badevergnügen ist dadurch möglich. Da viele Rosenheimer in der Badesaison, zumal an den Wochenenden, hierher strömen, sollten Sie einen Tag außerhalb der gängigen Ausflugszeit wählen, denn dann ist dem Naturfreund auch heute noch vergönnt, das Schilf flüstern zu hören, den Aufschlag von Entenflügeln wahrzunehmen ...

Auf dem Radweg erreichen wir den Ortsteil Simssee, bald darauf auf der Seestraße den Waldgasthof Liebl. Hinter einer kurzen Waldetappe

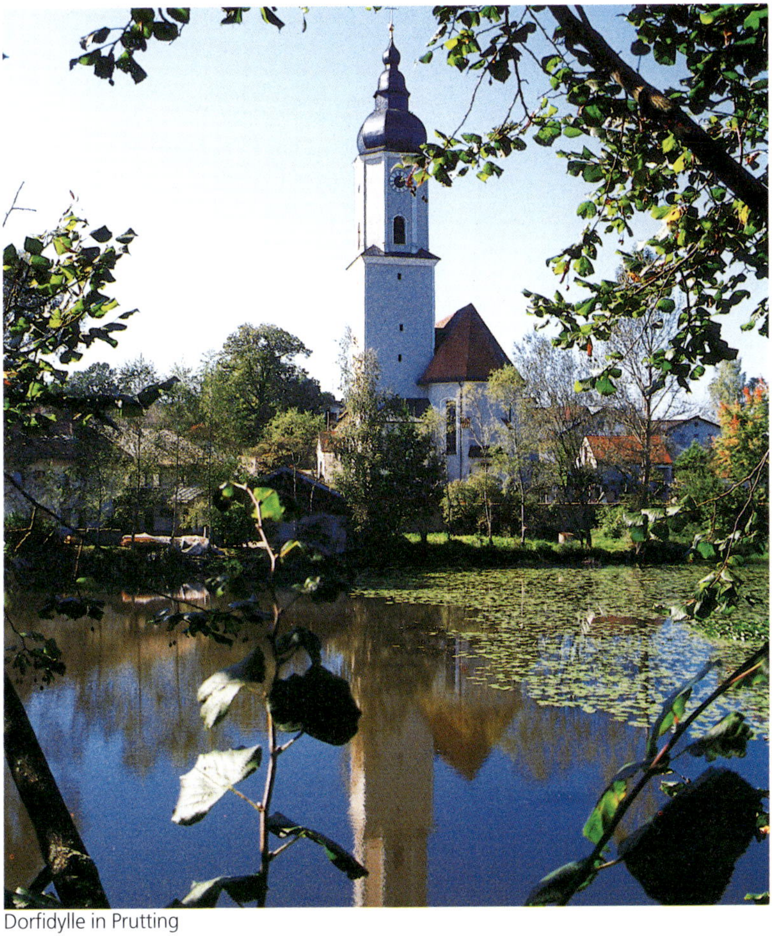

Dorfidylle in Prutting

begleiten wir die Eisenbahnstrecke nach rechts. Über Edling und Haidham treffen wir schließlich in Prutting ein. Jenseits der Ortsdurchgangsstraße steuern wir vor dem Gasthof zur Post nach links und vor dem Dorfende wiederum in die gleiche Richtung (Wegtafel „Aich").

Info

In der malerisch plazierten Kirche Mariä Opferung von **Prutting** begegnen wir neben einem römischen Weihestein in der Vorhalle im Hochaltar u. a. sehenswerten Figuren des aus dem Ötztal stammenden Rokoko-Bildhauers Joseph Götsch.

Hinter Aich drehen wir hinüber nach Nendlberg, kurz vor Rins treffen wir auf die Autostraße Prutting - Söchtenau.

Info Die Schriftstellerin Luise Rinser vermutet, ihre Vorfahren stammten vom Einödhof **Rins**. Beim Rins-Seer gibt es über der Haustür einen querliegenden Türbalken mit nicht zu deutenden Schriftzeichen. Sind sie persischer, arabischer oder sonstiger Herkunft? Nicht alle Rätsel sind lösbar!

Kurz hinter Rins halten wir uns wieder links; leicht bergan und durch ein kleines schattiges Waldrevier strampelnd, stoßen wir auf den Wegweiser „Seehub", dem wir Folge leisten. Ganz verträumt liegt der zerlappte Rinssee unter uns.

Info **Rinssee** und **Hofstätter See**, nur durch eine Landzunge getrennt, und von riesigen walfischförmigen Hügeln, sogenannten Drumlins, gerahmt, sind Grundmoränengewässer.

An der Gabelung hinter Seehub halten wir uns links. Mit Seeleiten, Farmach und Entberg machen wir noch Bekanntschaft, ehe wir die breitere Autostraße in Richtung rechts für ca. 200 m benutzen. Dann schlagen wir ohne (!) Wegweiser zum Nordufer des Hofstätter Sees ein. An der Kreuzung im Wald fahren wir in sanftem Bogen nach links, verlassen das schattige Revier.

Info Das **Burger Moos**, die gigantische Verlandungszone am Westrand des Hofstätter Sees, ist ein vegetationskundlich sehr interessantes Moor, wartet mit botanischen Raritäten auf. Mit etwas Pfadfindergespür gelangen Sie hinter Hofstätt (v o r dem stärkeren Gefälle!) nach links zu einem Moorsteg durch dieses ökologisch ebenso wertvolle wie zerbrechliche Gebiet.

Am Ortsrand von Niedernburg folgen wir dem Wegweiser „Obernburg".

Info In **Obernburg**, in Höhe der Linkskurve, wartet das Lidl-Gütl, ein denkmalgeschützter ehemaliger Bauernhof, auf Bewunderer.

Wir rollen genußvoll hinüber nach Haidbichl, halten uns nach rechts und nehmen auf einem Waldweg Kurs auf die Oase Bad Leonhardspfunzen mit dem Baodwirt.

Bad Leonhardspfunzen siehe Seite 16.

Wunderbar gestärkt, genießen wir die letzte Etappe dieser so reizvollen Seentour. Pferdegewieher macht uns auf das nahe Gestüt von Gut Innleiten aufmerksam. Wir passieren das etwa 200 Jahre alte Schloß. Ab Schloßberg, rechts einschlagend, zum Bahnhof zurückzufinden, dürfte wohl nicht allzu schwierig sein.

3

Sanfte Bergtour über den Samerberg
Oder ganz nach Wunsch: 23 Seen und Bäder laden zum Badevergnügen - per Rad zum Wandern

Toureninfos

km 50 km. Innbrücke Nußdorf-Kufstein-Innbrücke Nußdorf 42 km.

Inn-Etappen völlig eben; zum Samerberg-Plateau fast ununterbrochener leichter Anstieg; rasante Talfahrt hinunter nach Achenmühle, steiler Anstieg nördlich der Autobahn.

START Rosenheim, Bahnhof.

Für Inntal-Radwanderung siehe Kartenskizze; Neubeuern, Historische Gaststätte-Café Haschlalm (Terr); Nußdorf; Holzmann, Gasthof Jägerhäusl (Terr); Grainbach, Gasthof Maurer (Bg); Törwang, Gasthof zur Post (Terr); Obereck, Zum Schinkensepp (Bg); Rosenheim.

Für Inntal-Radwanderung siehe Seite 26; Nußdorf, beheiztes Freischwimmbad; Naturschwimmbad zwischen Grainbach und Törwang; Tinninger See; Rosenheim, Freibad und Hallenbad.

Oberaudorf, Museum im Burgtor: Mai-Sept. Di Fr 14-18 Uhr, Gruppen nach Vereinbarung (Verkehrsamt). Kufstein/Festung, Heimatmuseum: Führungen April-Okt. tgl. außer Mo 9.30, 11, 13.30, 15, 16.30 Uhr, Juli/Aug. auch Mo - bei schönem Wetter Do 16.30 h große Festungsführung; Heldenorgel tgl. 12Uhr, 1.6.-15.9. auch 18 Uhr; Planetarium: 10.45, 12.45, 15, 17 Uhr; Stadtführung nach Voranmeldung (Tourismusverband). Ebbs, Raritätenzoo: Ostern-1. Nov. 10-17 Uhr; Fohlenhof: tgl. 9-12 und 14-17 Uhr, Anf. Juli bis Anf. Sept. Fr 20 Uhr Gestütsparade, Führungen nach Voranmeldung (Tel. 05373/2210).

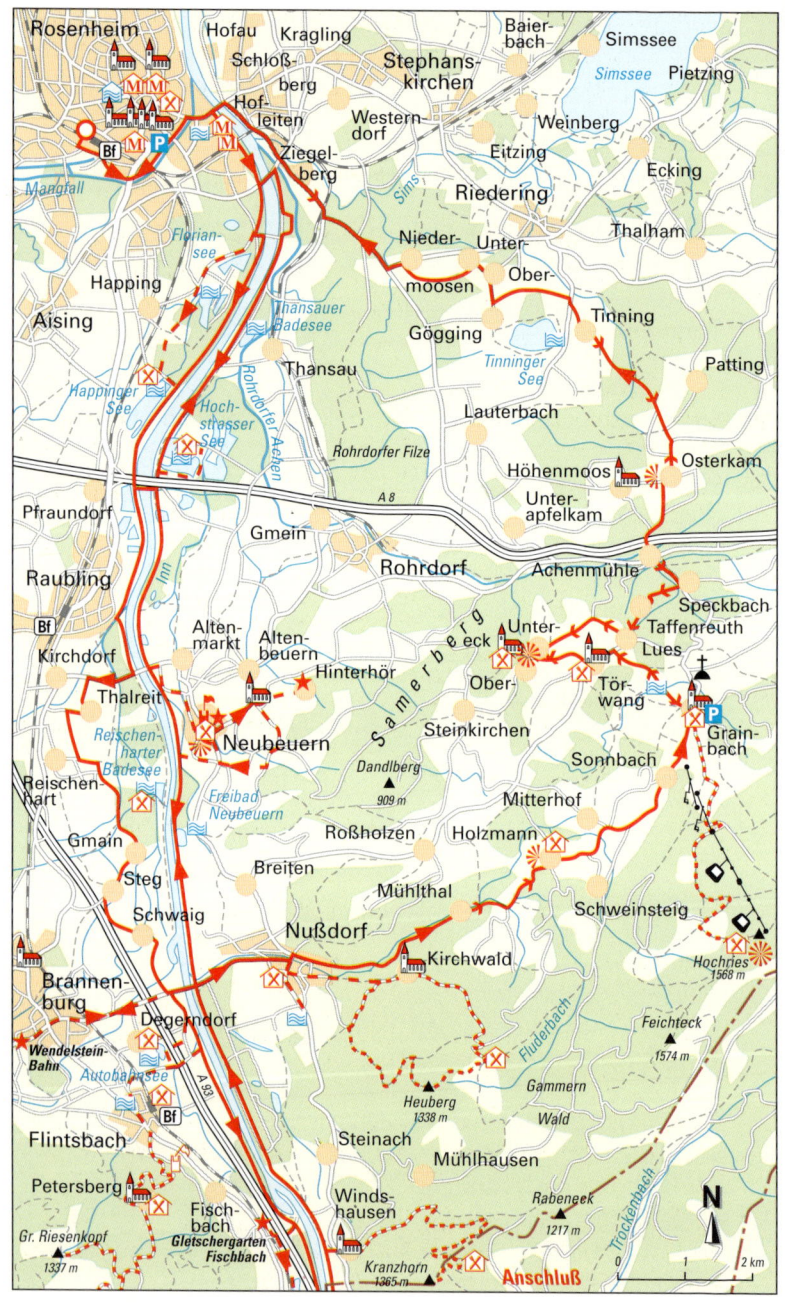

Verkehrsamt Neubeuern: Tel. 08035/2165. - Verkehrsamt Samerberg, Törwang: Tel. 08032/8606. - Kur- und Verkehrsamt Oberaudorf: Tel. 08033/30120. - Verkehrsamt Kiefersfelden: Tel. 08033/976527. - Tourismusverband Kufstein: Tel. 05372/62207.

Vom Bahnhof Rosenheim aus erreichen wir bequem die Innbrücke wie bei Tour 2 anfangs beschrieben. Bis zur nächsten Straßenbrücke über den Inn bietet sich nun der gut ausgeschilderte Inntal-Radwanderweg auf beiden Ufern an.

 Tip

Für die „westlichen" wie auch für die „östlichen" Radler empfiehlt sich nun ein Besuch im „Filmdorf" **Neubeuern** (Weg ist ab Altenmarkt gut ausgeschildert!). Neubeuerns versteckt liegender landbürgerlicher Marktplatz zwischen dem Salzburger und dem Münchner Tor mit seinen fast unwirklich schmucken Häusern ist eine Entdeckungsreise wert! Gabriel von Seidl, Erbauer des Münchner Nationalmuseums, wurde Ende des 19. Jh.s zum Denkmalpfleger dieses Handwerker- und Schifferortes (Marktrecht seit über 600 Jahren!). Selbst die kühlsten Herzen schmelzen, wenn die Neubeurer einmal im Sommer mit magischer Kerzenillumination ihren Bilderbuchmarkt feiern. - Dominierende Elemente bei der Gestaltung der Pfarr- und Wallfahrtskirche Mariä Unbefleckte Empfängnis waren die Schiffahrt und die durch zwei Wunderzeichen ausgelöste besondere Verehrung der Muttergottes. Joseph Götsch aus Aibling hat den Rokokoaltar für das spätgotische Gnadenbild geschaffen. - Über der Marktterrasse künden das Schloß (heute Gymnasium mit Internat) und ein klotziger Bergfried von der aristokratischen Vergangenheit dieses wundervollen Fleckchens Erde. Die hiesigen Schloßkonzerte erfreuen sich großer Beliebtheit. - Der exponiert gelegene, bis ins 16. Jh. zurückgehende, Terrassengasthof Haschlalm über der Rotwand war einst Zunftherberge der Schiffer. Einen herrlichen Sommertag mit einer Einkehr dort oben ausklingen zu lassen, dürfte wohl ein treffsicherer Tip für Romantiker sein!

Hinter dem Neubeurer Schloßberg liegt die sog. **Wolfsschlucht**, in der von 1489 bis etwa Mitte des 19. Jh.s aus dem quarzhaltigen Gestein Schleif- und Mühlsteine herausgebrochen und dann auf dem Inn verschifft worden sind. Neben diesem ältesten Steinbruch gab es noch weitere sechs im Umkreis. Wer ein wenig Zeit erübrigen kann, dem empfehlen wir die kleine eindrucksvolle Fußwanderung durch die fast 300 m lange, 12 bis 20 m breite und 25 bis 30 m hohe Schlucht; einzufädeln ist östlich der Kirche nach links in die Schloßstraße (Rundweg).

Kunstfreunden dürfte der Katzensprung von gut 600 m auf der Samerstraße nicht zu weit sein, um in **Altenbeuern** in der Kirche Hl. Dreifaltigkeit eine in der Schnitzkunst selten gebräuchliche und auch theologisch umstritten gewesene Darstellung der Trinität (um 1500) und gemalte Holzepitaphien zu bestaunen. Über die Hinterhörer Straße ist der schönste Mühlsteinbruch Beuerns zu finden. Die Kartenskizze verrät eine feine Möglichkeit, wieder in den Inntal-Radwanderweg einzufädeln (natürlich auch in umgekehrter Richtung zu verwirklichen!).

Von Neubeuern aus ist der östliche Inntal-Radwanderweg in Richtung Süden über die Färberstraße und - außerhalb des Ortes - einen Schotterweg nach rechts (Radwegwanderzeichen Nr. 38), vorbei an einer, Papst Johannes Paul I. gewidmeten, Kapelle, über Oberwöhr (dann Holzsteg!) wieder leicht zu finden.

Für die Bade- und Bergradler, die auf der Rückfahrt Neubeuern miteinbeziehen wollen, gilt folgendes: 1 km hinter dem Freibad Neubeuern führt ein Holzsteg hinüber nach Oberwöhr; dort schwenken wir rechts ein, radeln dann geradeaus und erreichen, an der Autostraße links einschlagend, die Färberstraße von Neubeuern. An der Innbrücke wieder Einstieg in den Inntal-Radwanderweg!

In Höhe der nächsten Innbrücke knickt nun die Normalroute hinüber nach Nußdorf.

Nußdorf ist ein schmucker Erholungsort. Seine Spuren reichen bis in die Römerzeit zurück. Durch die hervorragende Lage am Inn erwuchs den Bewohnern, insbesondere zu Beginn der Neuzeit, durch die Schiffahrt Wohlstand. Ein kleiner Spaziergang von 20 Min. führt zur barocken Wallfahrtsstätte Mariä Heimsuchung „im Kirchwald" (Einsiedelei); über die Daffnerwaldalm in gut 2 Std. auf den Heuberg (1398 m) zu wandern, wird mit einer großartigen Aussicht belohnt.

Wir verlassen die Brannenburger Straße nach links; hinter der Brücke fädeln wir nach rechts in den Mühltalweg ein. Durchs Mühltal hat sich wohl einst der 4 qkm große nacheiszeitliche See vom Hochtal zwischen Samerberg und Hochries zum Inn hin entleert. Bis Grainbach vertrauen wir uns nun der Radwegmarkierung 38 an. In dem nun folgenden Talabschnitt passieren wir schon bald die eindrucksvolle Steinbachklamm. Bis wir im Paradies Samerberg ankommen, haben unsere Beinmuskeln nahezu 200 Höhenmeter „erstrampelt".

Der **Samerberg**, dieses vom Inngletscher geformte hügelige Hochplateau (ursprünglich Rossoltesperg nach dem Kirchdorf Roßholzen genannt), verdankt seinen heutigen Namen den vielen einst hier ansässigen Salzsäumern. Als ursprünglich arme Roßzüchter hatten sie im Salztransport zu Lande eine kleine zusätzliche Verdienstmöglichkeit entdeckt. Später wurden sie von den Nußdorfer Schiffmeistern als Schiffreiter für die Hohenau (Gegenfahrt der Schiffszüge) angeheuert, der Lebensstandard hob sich nun auf ein erträgliches Niveau. Solch ein Arbeitsleben aber war stets von Knechtschaft und großer Gefahr geprägt. Bezeichnend ist die Tatsache des Verbots Schwimmen zu lernen (galt auch für die Schiffer), damit in brenzligen Situationen das Frachtgut nicht im Stich gelassen wurde.

Bis etwa in die Höhe von Hilgen geht's noch gemächlich bergan, dann sitzen wir wieder gemütlicher im Sattel - Grainbach rückt immer näher. Den so formenreichen, mehrfach begipfelten Heuberg und das Kranzhorn haben wir hinter uns gelassen. Rechter Hand entschweben dem

„Elefantenrücken" der Hochries moderne „Ikarusse". Verträumten Charme strahlen die Dörflein Roßholzen und Steinkirchen mit seinem so exponiert thronenden Peterskircherl aus. Törwang lädt mit seiner charakteristischen Spitzturmkirche ein. Grainbach, 655 m über dem Meeresspiegel liegend, empfängt uns.

Die schlimmen Panduren waren es, die 1704 das hauptgroße Loch in das schwere Kirchenportal aus Eichenholz von St. Ägidius in **Grainbach** schlugen, als der Mesner ihnen den Zugang verwehrte - der tapfere Mann wurde dann allerdings bei seiner Flucht von den Soldaten eingeholt und zerstückelt (Marterl siehe Kartenskizze). Auch in diesem Gotteshaus wirkte, neben anderen bekannten Künstlern, Joseph Götsch, dem wir die drei Rokokoaltäre verdanken. Zum Teil üppig blühende Lüftlmalerei an den Hausfassaden steht ganz im Gegensatz zur wehrhaft anmutenden Kirche.

Wem es in diesem Hochtal zu wenig hoch sein sollte, der kann mit Hilfe der Kabinenbahn hinauf auf die **Hochries** (1569 m) Körper und Seele einen Höhenflug spendieren (ganz abgesehen von der Möglichkeit, eine sportliche Fußwanderung dorthin zu absolvieren!).

Unterhalb der Kirche setzen wir unsere Route, flott bergab flitzend und links einschwenkend, Richtung „Törwang", fort.

Wie einem Bilderbuch entnommen, präsentiert sich das wunderschöne, mit Lüftlmalerei geschmückte, Ensemble des Dorfplatzes von **Törwang**. Aus ihm sticht das Schusterhäusl, ein ehemaliges Mesnerhaus (Mitte 18. Jh.), besonders hervor. Im schönen weiten Gotteshaus St. Mariä Himmelfahrt ziert ein wertvolles Kreuzigungsbild den rechten Seitenaltar.

In Richtung „Steinkirchen" kräftig die Pedale massierend, erreichen wir Obereck.

Von der etwa 750 m hoch liegenden Aussichtskapelle bei **Obereck** aus eröffnet sich ein phantastischer Rundblick!

Wir folgen zunächst der Wegtafel „Lues" und dann dem Schild „Achenmühle". Vorsicht, 15 % Gefälle warten auf uns! Über Taffenreuth bremsen wir ins Tal hinunter. In Speckbach knicken wir nach links (Törwanger Straße). Die Rohrdorfer Straße in Achenmühle benutzen wir kurz nach links, ehe uns die Höhenmooser Straße rechts bergauf über die Autobahn geleitet. Bei der Gabelung fällt die Entscheidung „Riedering", ebenso in Osterkam.

Linker Hand markiert eine Kirche mit auffallend massigem Turm eine ländliche Kostbarkeit: **Höhenmoos** wurde 1989 zum „Schönsten Dorf Bayerns" erkoren. Der Ort **Riedering**, etwas nördlich davon, weckt volksmusikalische Erinnerungen an die Riederinger Sänger, den Kiem Pauli und Annette Thoma.

Aichen und Tinning (westlich davon, sanft eingebettet zwischen zwei Hügeln, das Wasserauge Tinninger See) erreichen wir ohne großen Beinmuskeleinsatz. Nur kurz benutzen wir die von links herziehende sehr breite Autostraße, nach 200 m schwenken wir links ein. In Höhe von Gögging steuern wir nach rechts, dann passieren wir, uns links haltend, Ober- und Untermoosen. Das Bauernsträßlein zielt auf eine Autostraße, die wir kurz nach links benutzen und die dann in die Straße nach Rosenheim mündet (Radweg vorhanden). Die Rückkehr von Schloßberg aus zum Bahnhof Rosenheim erfolgt in umgekehrter Richtung wie die Anfahrt.

Die erste Etappe dieser Radwanderung ins Hochtal Samerberg kann alternativ als Einstieg in eine kürzere oder längere flotte Entdeckungsreise durchs Inntal bis hin nach Kufstein, der „Perle Tirols" (Ausweis!), dienen. Die vorgegebene Markierung entbindet uns, verbale Orientierungshilfen zu geben, deshalb haben wir uns weitgehend auf die Auflistung einer Auswahl der doch sehr zahlreich vorhandenen „Extras" beschränkt.

Tip

Badeziele: Rosenheim-Tiefenbach (Floriansee, Happinger See, Reischenharter Badesee, Thansauer Badesee, Hochstrasser See, Freibad Neubeuern);Tiefenbach-Innsteg Reisach (Autobahnsee "Hawaiisee" beim Rasthaus Inntal, Freibad Flintsbach, Autobahnsee Einöden, Kirnsteiner See, Silbergsee bei Niederaudorf); Innsteg Reisach-Kufstein: Auerbachgumpen, Hallen- und Freibad Oberaudorf, Luegsteinsee, Hödenauer See/Wasserskilift, Kreuthsee, Kieferer See, Freizeitbad „Innsola" in Kiefersfelden, Hechtsee/kurzer Fußweg, Freibad Kufstein, Stimmer See); Kufstein-Innsteg Reisach (Waldschwimmbad Niederndorf); Innsteg Reisach-Innbrücke/Nußdorf (Schwimmbad Erl).

Berg-Wanderungen (nur als Denkanstoß gedacht!): Von Brannenburg aus auf den Wendelstein (1838 m), 4 Std. - Aufstiegshilfe Wendelsteinbahn: Geopark (Wege mit erdgeschichtlichen Erläuterungstafeln, Wendelsteinhöhle, Wendelsteinkircherl, Sonnen- und Windenergieanlage, Observatorium, etc. - Von Flintsbach aus auf das Petersbergerl mit seinem romanischen Kirchlein, 1 Std.; zu den Astenhöfen und zum Großen Riesenkopf bzw. zum Rehleitenkopf jeweils eine weitere Stunde. - Von Oberaudorf aus zum Hocheck (823 m), 45 Min. - Aufstiegshilfe Sessellift; von dort aus zum Schwarzenberg (1208 m), 1 Std. - Von Kufstein aus ins Gebiet des Wilden Kaisers (Sessellift!), ins Naturschutzgebiet Kaisertal (hier auch Tischoferhöhle!), ins Revier des Zahmen Kaisers und zu den drei „Aussichtsrampen" Hochwacht, Waldkapelle und Duxer Köpfl. - Vom Raritätenzoo Ebbs aus zum nahen Wasserfall und zum St.-Nikolaus-Kirchlein. - Von Erl aus, vorbei am Passionspielhaus, zum Wasserfall (1/2 Std.). - Von Windshausen aus zum Kranzhorn (1365 m), 2 ° Std.

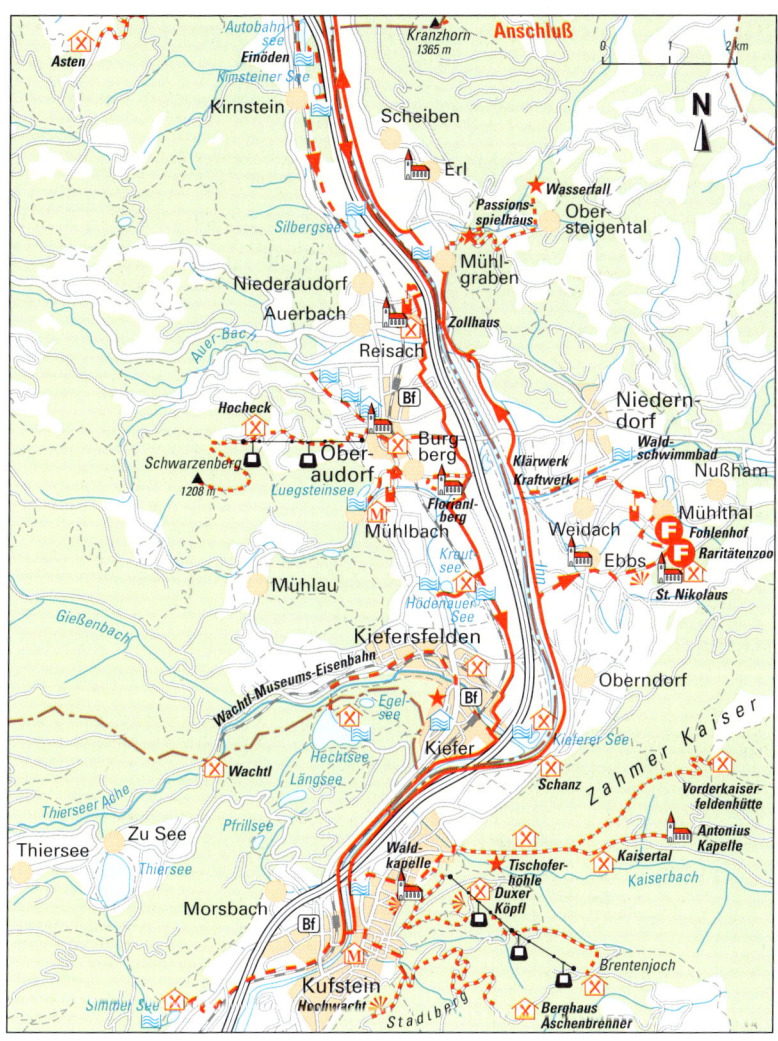

Tip

Sonstige Angebote: Neubeuern (siehe Seite 23); Brannenburg und Flintsbach (Kirchen); Gletschergarten Fischbach; Reisach (Klosterkirche, Schloß Urfahrn); Oberaudorf (Ruine Auerburg auf dem Schloßberg, Museum im Burgtor/ Ortsgeschichte, Pfarrkirche, Florianiberg mit Florianikapelle); Kiefersfelden (Bergfriedhof, Volkstheater - Juli und August Ritterspiele, Wachtl-Museums-Eisenbahn); Kufstein/Tirol (Festung/ Festungslift, Heimatmuseum, Heldenorgel - größte Freiorgel der Welt, Planetarium; historische Altstadt/Stadtführung); Ebbs („Dom zu Ebbs", St.-Nikolaus-Kirchlein, Raritätenzoo/Vögel,Fohlenhof - Europas größtes Haflingergestüt); Erl (Pfarrkirche, Passionsspielhaus).

Ein Dorf und seine drei Museen: Amerang

Das stattliche Dorf, eingebettet in eine waldreiche Hügel- und Moorlandschaft, konnte 1988 seine 1200-Jahr-Feier begehen. Ein **Schloß** ist hier seit dem 11. Jh. nachgewiesen. Im 16. Jh. erwarben es Veroneser aus dem Geschlechte der Scaliger (eingedeutscht als „Herren von der Leytter"). Einem Scaliger-Nachfolger verdanken wir den Renaissance-Umbau. Der unregelmäßige Arkadenhof gilt als der älteste Loggienhof Bayerns. Schloßhof, -kapelle und -museum sind für den interessierten Besucher bei Voranmeldung (Tel. 08075/91920) geöffnet.

Die Herren von Laiming auf Amerang waren es, die im 15. Jh. das **Peterskirchlein** in Meilham stifteten. Gotische Wand- und Deckenmalereien sowie einige Schnitzfiguren aus dem 15. und 16. Jh. zeichnen den sehenswerten Kirchenraum aus (siehe auch Tour 4!).

Gut gestaltete Grabsteine von Schloß- und Hofmarksherren in der spätgotischen **Pfarrkirche St. Rupert** erzählen aus früherer Zeit.

Das **Bauernhausmuseum**, eine Dokumentation bäuerlichen Wohnens und Wirkens aus drei Jahrhunderten, hat zu folgenden Zeiten geöffnet: Mitte März bis Mitte Nov. tgl. (außer Mo) 9-18 Uhr (Einlaß bis 17 Uhr), auch Oster-, Pfingst- und Kirchweihmontag, Führungen nach Voranmeldung (Tel. 08075/1610).

Auf einer Ausstellungsfläche von 6 000 qm wird im **EfA-Automobilmuseum** deutsche Automobilgeschichte aufgezeigt (220 klassische Exponate von 1886 bis heute). Eisenbahnfans werden sich zusätzlich über die weltgrößte Modelleisenbahn-Anlage der Spur 2 freuen. Öffnungszeiten (ganzjährig): tgl. 10-18 Uhr (außer Mo), Einlaß bis 17 Uhr.

 Auskünfte erhalten Sie beim Verkehrsamt Amerang, 83123 Amerang (Tel. 08075/919711).

4

Durch Möser und über Moränenbuckel hin zur Eggstätt-Hemhofer Seenplatte

Toureninfos

 40 km

 Eine Tour mit phantastischen Ausblicken auf die Alpen; landschaftlich äußerst abwechslungsreich; langgezogener Anstieg in Hofham, kurzer steiler Berg in Höslwang; erfrischende Abfahrten; nicht allzu schwierig.

START Amerang, Ortsmitte.

 Söchtenau, Gasthaus zur Post (Terr); Krottenmühl, Fischerstüberl (Terr); Bad Endorf; Stephanskirchen, Gasthaus Mayer (Terr); Höslwang, Gasthaus Zur Schönen Aussicht (Terr); Amerang.

 Schonstett, Köhler Freibad; Simssee; Bad Endorf, Thermalbad (Frei- und Hallenbad), Freibad; Pelhamer See; weitere Bademöglichkeiten im Bereich der Eggstätt-Hemhofer Seenplatte, siehe Informationstafel!

 Kurverwaltung Bad Endorf: Tel. 08053/9422.

Wir starten im Zentrum Amerangs. Die Schonstetter Straße führt uns aus dem Dorf. Flott bergab radelnd erreichen wir bald die beiden Hausseen von Amerang, eingebettet ins Freimoos.

 Aus einem einst großen See ist durch Verlandung das reizvolle **Freimoos** entstanden. Der versteckt liegende **Zillhamer See** (links, ca. 500 m entfernt) und der **Ameranger See** träumen still vor sich hin.

Auf der Weiterfahrt schlagen wir nach links einen Bogen hinein nach Zillham, steuern hinüber nach Schonstett, einer freundlichen Siedlung mit zwei Zwiebeltürmen. Hinter dem Dorf folgen wir dem Wegweiser

„Vogtareuth", gelangen nach Oberwindering. Dort lassen wir uns nach Könbarn schicken, anschließend von der Radwegmarkierung 8 führen. Am Ende der Lagerhausstraße in Söchtenau folgen wir der Autostraße 50 m nach links, dann wechseln wir, rechts einschlagend, hinein in den Wald. Wir lassen uns vom Wegweiser „Endorf" leiten.

An der Autostraße wenden wir uns nach links, Richtung Endorf, verlassen dieses laute Revier nach 500 m auf einem Bauernstrasserl, das sich nach Patersdorf hinüberschlängelt. Hinter dem idyllisch gelegenen spätgotischen Kirchlein nehmen wir, rechts abdrehend, Kurs auf das Waldrevier, dem eine Aussichtsbühne (Blick auf das reizvolle Schwabering) folgt. Wir durchqueren Hafendorf. Ca. 100 m hinter dem Dörflein knickt unsere Route nach links. Von der Kuppe aus wandern unsere Augen hinüber zur Kirche von Hirnsberg. Unser Sträßlein fällt hinunter zum jenseits der lauten Autostraße angesiedelten Innthal. Untershofen (Wegweiser) ist unser nächstes Ziel.

Dort schwenken wir von der Innthaler Straße in die Hauptstraße, die uns zum Seehaus in Krottenmühl/Simssee hinuntergeleitet. Nach einer Etappe auf der Seestraße (links) müssen wir uns an deren Ende rechts halten. 150 m hinter Eichen lenken wir nach links auf ein Schotterstrasserl. Gemäß der Wegtafel „Simsseemoos - Rundweg Nr. 10" bleiben wir im Tal, am Rande der Achenniederung, mit Blick auf den Waldbuckel Hirnsberg und den Rücken der Ratzinger Höhe. In Bergham folgen wir dem Wegweiser „Endorf". Dort wenden wir uns am Rande des Ortsteils Kurf in Richtung Kurzentrum und peilen das Thermalbad an (Schornstein als Landmarke!).

Endorf ist schon recht betagt; urkundlich wird es erstmals im Jahre 924 als „Zennidorf" = „zu Ennidorf" genannt. Unter den verschiedenen mittelalterlichen Herrschaften taten sich die Falkensteiner mit dem Bau der St.-Jakobus-Kirche hervor. Der gotische Kirchenpatron und beachtenswerte Schnitzwerke der Künstler Adam Hartmann und Johann Georg Lindt haben dort Einzug gehalten. - Seit 1963 darf sich der Markt „Bad Endorf" nennen. Bei der Bohrung nach Erdgas und Erdöl wurde die stärkste Jod-Thermalsolequelle Europas gefunden. Ein Heilbad entstand, bekannt als Sport-Rehabilitationszentrum. - Eine 1790 gegründete Theatergesellschaft bringt religiöse Schauspiele zur Aufführung.

Wir folgen dem Schild „Ortsmitte", lenken über die Eisenbahnbrücke und anschließend in die Hofhamer Straße (rechts) bergauf durch den gleichnamigen Ort. Jenseits der lauten Autostraße steuern wir in Richtung „Rankham".

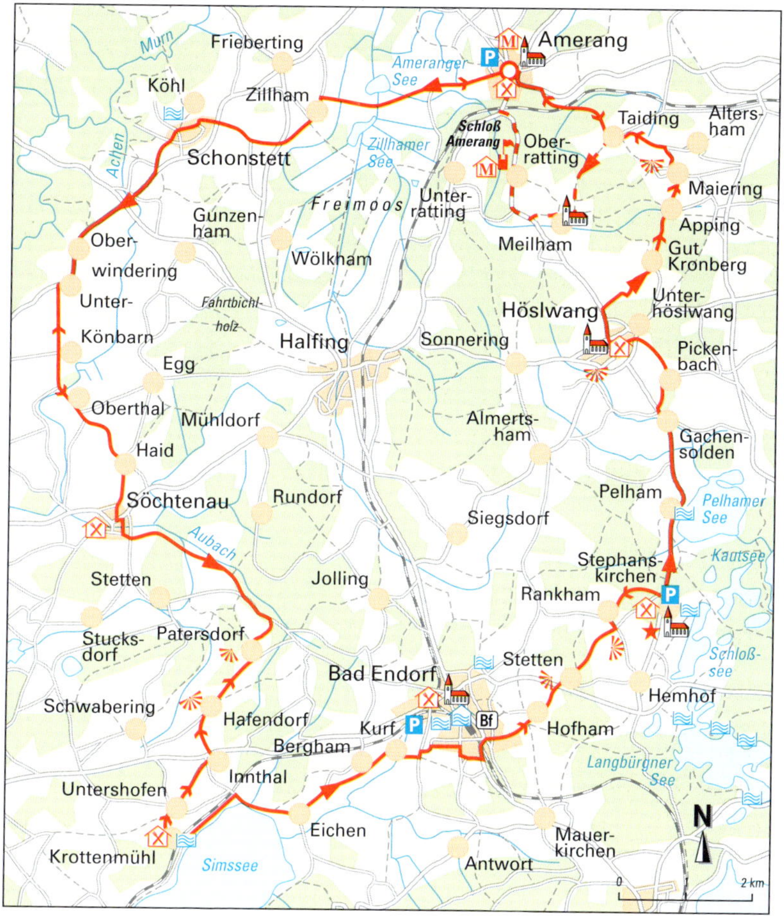

Map showing the area around Amerang, Bad Endorf, and surrounding villages including Frieberting, Köhl, Zillham, Schonstett, Oberwindering, Söchtenau, Krottenmühl, Simssee, and others.

Info

Von Stötten aus genießen wir eine zauberhafte **Aussicht** auf Simssee, Hirnsberg, Rosenheimer Teller, Inntal, etc. Von der einen Aussichtsterrasse eilen wir zur nächsten; Hinter dem kurzen Waldstück werden wir beglückt von einem Bergpanorama mit Hochplatte, Hochgern, Hochfelln, Zwiesel, Hochstaufen, dem Kaisergebirge; auch der Pelhamer See zeigt uns bereits einen Teil seines Wasserspiegels. Höslwang blickt stolz zu uns herüber.

In Rankham schlagen wir einen Haken, flitzen anschließend bergab.

Tip

Unweit von hier lockt der alte Weiler **Stephanskirchen** mit einem Kirchlein (vom Friedhof aus guter Seeblick!), einer Dorfeinkehr und einem eindrucksvollen Bundwerkstadel.

31

Info

Unterhalb des von Stephanskirchen besetzten Hügels geht's hinein ins älteste Natur-schutzgebiet Bayerns, die **Eggstätt-Hemhofer Seenplatte** mit ihrem aus 17 Seen be-stehenden Wasserlabyrinth. Sehr eingehende Informationen über die ebenso reizvolle wie gefährdete Eiszerfallslandschaft und auch über Badegelegenheiten werden hier dargeboten. Bitte nur ausgewiesene Wanderwege benutzen!

Auf der breiteren Autostraße führt links unsere Route weiter nach Pelham, am gleichnamigen See gelegen. 100 m hinter Gachensolden schwenken wir auf ein Bauernstrasserl nach rechts, das sich später jen-seits eines Teersträßleins fortsetzt. In Unterhöslwang schlagen wir kurz rechts ein, nach links schieben wir unsere Radln hinauf zum einstigen Herrensitz Höslwang.

Info

Die lieblich-vornehme Rokoko-Landkirche von **Höslwang** mit Wessobrunner Stuck be-herbergt reizvolle Schnitzkunst des Kärntner Künstlers Johann Georg Lindt aus Burg-hausen. Dem Gotteshaus gegenüber, auf der Terrasse des Gasthauses „Zur Schönen Aussicht" steht uns ein „Bergidentifizierungshelfer" bei, all die vielen Gipfel vom Hochstaufen bis zum Wendelstein zu benennen. Phantastisch!

Von der Kirche aus folgen wir der Ameranger Straße. 400 m hinter dem Ortsausgang steuern wir hinüber nach Kronberg (ein Paradies für Pferdenarrische!). Hinter dem Waldrevier rollen wir hinunter nach Apping, strampeln hinauf nach Maiering. Bei der Kapelle heißt's links einschlagen.

Tip

Kurz hinter Maiering, bei einem Bildstock, unterstützt eine Panoramakarte unser Stu-dium der vielgestaltigen Felsenlandschaft vor uns.

Beim Wasserbehälter halten wir uns wieder links, erreichen bald Taiding.

Tip

Von Taiding aus in eine Schlußakkord-Alternative einzusteigen, wird für Liebhaber kultureller Besonderheiten selbstverständlich sein. Das betagte **Peterskirchlein** von **Meilham** und das arkadenreiche **Ameranger Schloß** (beides Seite 28) laden zu stau-nendem Verweilen ein.

Hinter Taiding dürfen wir noch eine genußvolle Talfahrt anschließen (Vorsicht, Bahngleis kreuzt!). Noch ein paar kräftige Pedalschwünge, dann nehmen wir, „aussichtsreich" abwärtsrollend, Kurs auf Amerang.

5

Amerang - Wasserburg

Viel Kultur und noch mehr Natur pur

Toureninfos

 40 km.

 Eine relativ gemütliche Tour; der kulturell interessierte Radler wird kaum den verlockenden Angeboten am Rande widerstehen können. Fast völlig abseits vom Verkehrslärm verlaufend; Anstieg zur Burgruine Kling etwas mühsam.

START Amerang, Ortsmitte.

 Griesstätt, Gasthaus zum Jagerwirt; Kerschdorf, Gasthaus Schmid (Terr); Wasserburg; Bauernhausmuseum Amerang, Bierstüberl (Bg) - nur im Rahmen einer Besichtigung; Amerang.

 Schonstett, Köhler Freibad; Griesstätt, Kettenhamer See; Wasserburg, Hallen- und Freibad Badria mit Doppelwasserrutsche; Friedlsee bei Halfurt.

 Wasserburg, Rathaus: Führung Rathaussäle Di-Fr 10, 11, 14, 15, 16 Uhr, Sa So 10 und 11 Uhr; Städt.Museum: 1.5.-30.9. Di-Fr 10-12, 13-16 Uhr, Sa So 11-16 Uhr, 1.10.-30. 4. Di-Fr 13-16 Uhr, Sa So 13-15 Uhr; Erstes Imaginäres Museum: 1.5.-30.9. Di-So 11-17 Uhr, 1.10.-30.4. Di-So 13-17 Uhr; Wegmachermuseum: werktags 8-11 und 13-15 Uhr, Gruppenführungen nach Anmeldung, Tel. 08071/5750; Feuerwehrmuseum: Sa So 10-13 Uhr und nach Vereinbarung, Tel. 08071/1050 oder 6400; Schloß Weikertsham: Do-So 14-17 Uhr.

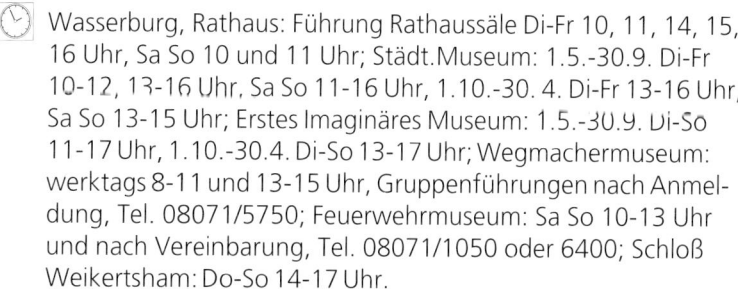  Städtisches Verkehrsbüro Wasserburg am Inn: Tel. 08071/10522 (auch Stadtführungen - 1 ° Std. - für Gruppen).

Die erste Etappe dieses Radlausflugs, Amerang - Schonstett, deckt sich mit der von Tour 4. Etwa in Höhe des Schlosses entscheiden wir uns für die Köhler Straße, folgen der Wanderwegmarkierung 3. An der Straßengabelung bei Röthenbach (auch Rettenbach genannt) schwenken wir nach links auf ein herrlich ruhiges Schotterstrasserl entlang der Ahamer Filzgründe. In Moosham, das wir gerade durchradeln, zeigt neueres, jedoch wunderschön gezimmertes, Bundwerk von Traditionsbewußtsein. Hinter Raming verläuft unsere Route weiter in die linke Richtung.

 Eine feine Möglichkeit, sich abzufrischen, gibt es im nahen **Kettenhamer See** - ab dem kleinen Rastplatz beim Wegkreuz 100 m nach rechts, ca. 200 m nach links radeln!

Gemäß der Wegtafel „Griesstätt" schlagen wir einen Haken nach rechts.

Griesstätt siehe Seite 15.

Hinter der Kirche wenden wir uns nach rechts in die Kirchmaierstraße, zugleich Inntal-Radweg, mit dem nächsten Ziel vor Augen, Altenhohenau.

1235 stiftete Graf Konrad von Wasserburg hier in **Altenhohenau** das erste Dominikanerinnenkloster Deutschlands. Im 18. Jh. prägten Mystikerinnen (Jesus-Kind-Verehrung) das geistige Leben dieses Klosters, das zum sogenannten „Klosterdreieck Rott - Attel - Altenhohenau" zählt. Nach über 100jähriger Pause, bedingt durch die Säkularisation, zogen 1923 wieder Nonnen ein. Heute unterhält die Caritas in den Klosterräumen eine Pflege-Fachschule. Die Kirche St. Peter und Paul stellt eine Rokoko-Schatzgrube dar. Die Künstler, Ignaz Günther und sein Namensvetter, der Maler Matthäus, füllten sie mit „Perlen": Ignaz schnitzte die hervorragenden Altäre mit den Figuren (nicht aber den hl. Siegmund!), Matthäus schuf das schöne Fresko über dem Altarraum und das Altarbild des südlichen Seitenaltars. In die offene Seitenwunde des hohlen Corpus am Astkreuz (14. Jh.) wurden einst Zettelchen mit Anliegen und Bitten eingesteckt (das Kreuz diente als sogenannter „Gottesbriefkasten").

Der Inntal-Radweg nimmt uns wieder auf. Er läßt uns Laiming passieren, bringt uns durch Kerschdorf und Spielberg nach Unterhöhfelden, wo er nach rechts schwenkt. Hinter dem Wacker-Werk stoßen wir auf eine laute Autostraße.

 Ein Radweg bietet sich nun an für einen Besuch der alten Salzhandelsstadt **Wasserburg**, dem ehemaligen „Hafen" Münchens. Jenen Titel erlangte diese außergewöhnliche Stadt im Mittelalter durch ihre sichere Lage, den Innübergang (Salzstraße Bad Reichenhall - Oberföhring) und die Schiffbarkeit des Flusses.

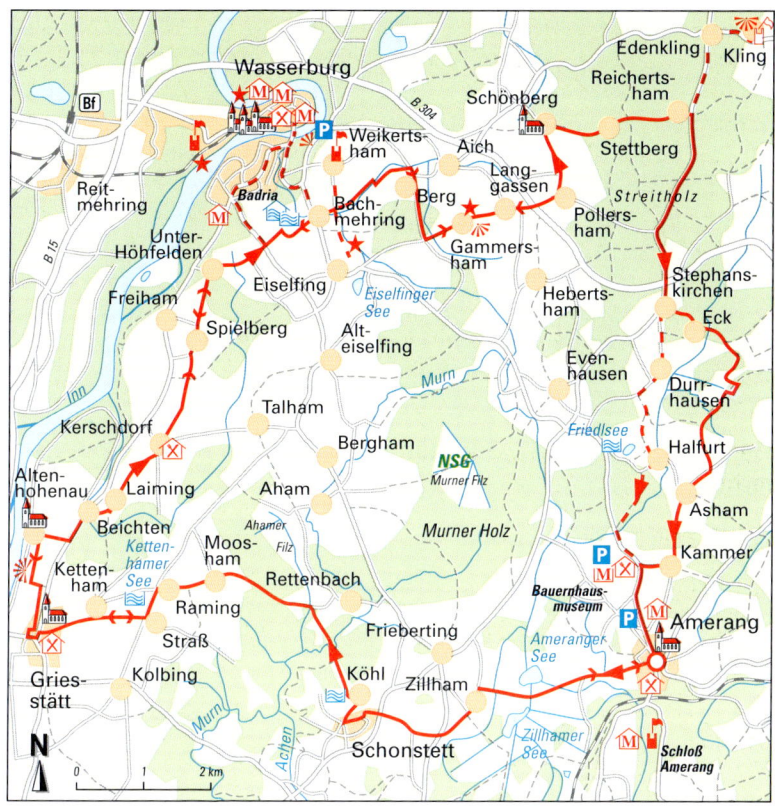

Info

Ein paar Schaupunkte für den Stadtbummel: *Profanbauten:* Brucktor, Mauthaus, Rathaus, Kernhaus (Joh. Bapt. Zimmermann!), Burg, Getreidekasten, etc. *Sakralbauten:* In der wertvollen künstlerischen Ausstattung der Kirchen spiegelt sich der Reichtum der Bürger wider: Pfarrkirche St. Jakob (Hans Stethaimer, Martin und Michael Zürn, Wolfgang Leb); Frauenkirche („Schöne Madonna", Salzburger Kunst); Hl.-Geist-Spitalkirche (Erasmus Grasser). *Museen:* Städtisches Museum (Herrengasse 15); Erstes Imaginäres Museum (Bruckgasse 2 - Nachschöpfungen der Bildenden Kunst vom 12. bis zum 20. Jh.); Wegmachermuseum (Herderstraße 5); Feuerwehrmuseum (Im Hag 3).

Den 70 m hohen Schutt- und Sandreißen der „Innleiten" kommen Sie sehr nahe, wenn Sie bei der Max-Emanuel-Kapelle auf dem Rad-/Fußweg innabwärts einfädeln - zugleich „Skulpturenweg". Eine interessante Abwechslung auf Ihrer Radtour (besonders auch für Kinder!) könnte auch eine große (oder kleine) Rundfahrt auf dem Inn sein - Start gegenüber dem Brucktor.

Unsere Route quert die Autostraße, zieht hinunter nach Bachmehring.

Tip Kurz vor Bachmehring geleitet ein Fußweg Badehungrige zum Badria. „Spätzünder" könnten sich auch noch von hier aus über die Wasserburger Straße der Altstadt von Wasserburg nähern.

In Bachmehring behalten wir die Richtung bei.

Info Hinter Bachmehring lockt uns ein grüner Wegpfeil „Eiselfing" zum **Naturlehrpfad** „Schwarzmoosbach" (in Eiselfing Info-Tafel, detailliertere Beschreibung im Gasthof Sanftl/Eiselfing). - Ein kurzer **Abstecher** auf der Teerstraße führt zum sehenswerten Schlößl von Weikertsham (16. Jh.).

Unsere Normalroute schwenkt 50 m hinter dem Ortsende von Bachmehring nach rechts auf einen sandgebundenen Schotterweg, schlägt vor dem Bach, den wir nun bis kurz vor Berg begleiten, einen Haken. Hinter Berg folgen wir der Wegtafel „Gammersham".

Info **Gammersham** überrascht uns mit einem stattlichen Bundwerkstadel von 1858 und vorgelagerter traumhafter Gebirgskulisse.

Hinter Langgassen queren wir vorsichtig die B 304, peilen Schönberg mit seinem im Norden fensterlosen Kirchlein St. Jakobus major (um 1500) an. Stettberg ist unser nächstes Ziel: Vor dem Wald halten wir uns rechts, bei der folgenden Gabelung geradeaus. Reichertsham bereits im Rücken, münden wir in die breitere Autostraße ein (rechts).

Tip Zwei Kilometer sind's nach links zum Dörflein **Kling**. Auf markanter Höhe haben hier die Grafen von Kling einst ihren Ansitz errichten lassen. Ihre Nachfolger, die Wittelsbacher, bauten 1543 die Burg zu einem (Jagd-) Schloß um und machten Kling schließlich zum Mittelpunkt eines der größten Landgerichte Altbayerns. Erst 1803 wurde das kurfürstliche Pfleggericht aufgelöst. Und heute? Wenn Steine reden könnten ... Wir lassen uns auf einer der Bänke nieder, genießen den traumhaften Ausblick (vom Berchtesgadener Revier bis zum Allgäu!) und füllen die verbrauchte Energie durch Brotzeiteln wieder auf.

Nun peilen wir Stephanskirchen an, wo wir am Ortsanfang links einfädeln (Wanderwegmarkierung 2), vor Asham dann nach rechts auf ein Teerstrasserl schwenken, in Kammer wiederum rechts einschlagen.

Tip Eine **Alternative** dazu wäre, hinter Stephanskirchen Richtung Durrhausen zu radeln, in Unteröd links einzuschwenken. Bald lockt der Friedlsee zu einem Bad. Hinter Halfurt fahren wir rechts, wobei uns nach 100 m ein Waldweg (links) aufnimmt. Vor Obersur führt die Route linkerhand auf einem Radlweg zum Museum.

Bauernhausmuseum und **EfA-Automobilmuseum** siehe Seite 28.

Amerang hat uns wieder.

6

Durch malerisches Bauernland hinüber zum warmen Obinger See

Von der Ortsmitte Amerangs aus starten wir, zunächst unterstützt vom Wegweiser „Bauernhofmuseum", zu einem kurzen, in großer Abgeschiedenheit vom lauten Getriebe unserer Zeit verlaufenden Badeausflug.

Toureninfos

 22 km.

 Diese kurze Tour läßt viel Zeit zum Baden. Erhöhte Aufmerksamkeit erfordert die Etappe zwischen Wimpasing und Allertsham. Das relativ hoch gelegene Albertaich wird ohne allzu großen Energieeinsatz erreicht.

 Amerang, Ortsmitte.

 Gasthaus Suranger (Terr); Obing, Oberwirt (Bg); Pittenhart, Gasthof zum Augustiner (Bg); Bauernhausmuseum Amerang, Bierstüberl (Bg) - nur im Rahmen einer Besichtigung; Amerang.

 Asham, Abstecher zum Friedlsee; Obinger See, Strandbad.

 Verkehrsamt Obing: Tel. 08624/2234.

 Freilichtmuseum für vergangene ländliche Baukultur im ostoberbayrischen Raum siehe Seite 28.

Hinter dem musealen Dorf wählen wir den Schotterweg Richtung Kammer. In jenem Dörferl schwenken wir nach links auf die Autostraße. Noch ehe wir uns versehen, haben wir bereits Asham durchquert.

Tip Nach links, Richtung Halfurt, könnten Moorwasserfans zu dem in waldreicher Umgebung eingebetteten **Friedlsee** radeln.

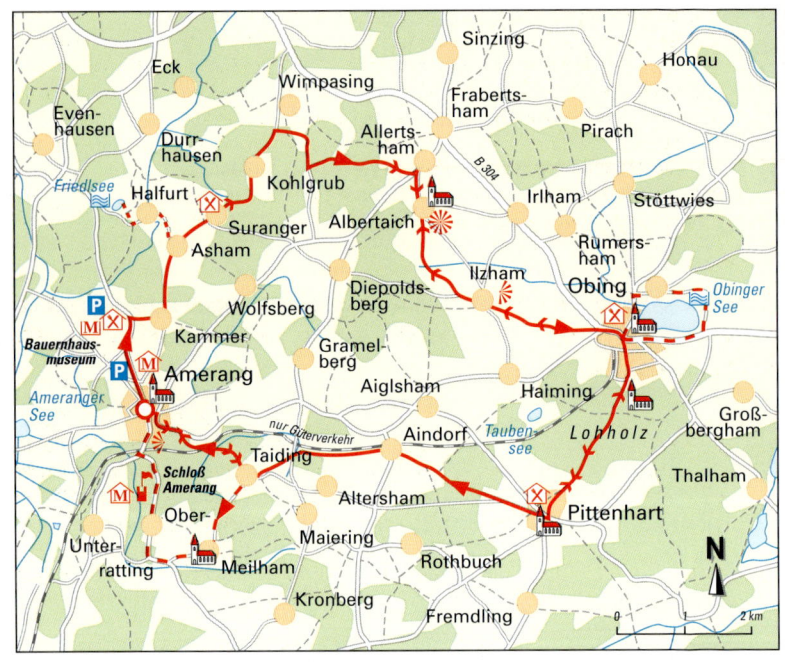

Tip Ganz einsam liegt an unserer Route das Gasthaus Suranger („für bayrische Brotzeiten"). Kinder dürfen sich hier austoben, viel Freiraum für sich beanspruchen.

Leicht bergauf strampeln wir nun, in tiefen Atemzügen das beruhigende Landschaftsbild in uns aufsaugend. Achtung, die nächste Etappe bis Albertaich ist geprägt von wenigen und schwachen Orientierungshilfen. Wir haben uns jedoch alle erdenkliche Mühe gegeben, Sie trotzdem gut durchzulotsen: Am Waldende vor Wimpasing folgen wir dem Wegweiser „Wimpasing Nr. 11 und 15", passieren anschließend eine größeres Wohngebäude, stoßen auf ein querlaufendes Bauernstrasserl, in das wir nach rechts einmünden.

Nach einer „Stangerlwaldpassage", noch vor einem Wohnhaus, entscheiden wir uns für links. Wieder verschwinden wir im Mischwald, wo uns ein Anstieg erwartet. Hinter dem wenig romantischen Waldverlies wird bereits der Blick frei auf Albertaich, wo von der Höhe (624 m) herab uns der phantasievoll gestaltete gebauschte Kirchturm zum Näherkommen einlädt. Vor Allertsham radeln wir vorsichtig über die Asphaltstraße, haben noch einen Wallfahrtsweg von 1 km leichter Steigung vor uns.

Info Einst war **Albertaich** ein gefragter Marien-Wallfahrtsort. Anziehungspunkt war das barocke Gnadenbild im Hochaltar der St.-Jakobus-Kirche, nachempfunden der berühmten Darstellung in Saragossa (der Pilgervater vor der Säulen-Madonna). Wir dürfen annehmen, daß im Mittelalter die damals noch gotische Kirche eine der oft hochgelegenen Stationen am Jakobus-Pilgerweg war. Gewandet in ein graues oder braunes Pilgerkleid, ergänzt durch einen breitrandigen Hut , der mit einer aus dem Mittelmeer stammenden Muschel geziert war, zogen die Gläubigen, nur mit Pilgerstab und einer Flasche ausgerüstet, zum Jakobusgrab im spanischen Santiago di Compostela. Die Jakobusmuschel diente zum Wasserschöpfen und war zugleich Erkennungszeichen.

Schon bald blitzt vor uns das Wasserauge des Obinger Sees auf. Ab Ilzham rollen wir gelassen dem gleichnamigen großen Dorf mit seinem spitzen Kirchturm entgegen.

 Info **Obing** reifte im Laufe seiner nahezu 1300jährigen Geschichte durch seine verkehrsgünstige Lage zum Hauptort des nördlichen Chiemgaus. Im Mittelalter erlangte das Dorf als Hofmark Bedeutung, später wurde es dem Besitz des Klosters Seeon einverleibt. - Die Pfarrkirche St. Laurentius, eine spätgotische Hallenkirche, wurde im letzten Drittel des 19. Jh.s regotisiert. Von der ursprünglichen Ausstattung sind nur noch drei überlebensgroße Figuren des Meisters von Rabenden vorhanden: St. Laurentius als Diakon, der Pilger Jakobus und dazwischen eine Madonna mit Kind, entstanden etwa 1520-25 (alle drei Figuren im neugotischen Hochaltar).

Wer Obing bereits kennt, kann sich die Fahrt zum Zentrum ersparen, gleich nach rechts in die Poststraße schwenken. In Verlängerung gelangen wir aus dem Ort zum Lohholz, radeln nun Richtung Pittenhart.

 Tip Am Ende des Gefälles im Wald steht zur Erinnerung an die grausamen Auswirkungen der Pestepidemie 1634/35 eine **Pestkapelle**.

Hinter dem Gehölz wartet bereits Pittenhart auf uns.

Info **Pittenhart** ist heute ein Reiterdorf. Nicht nur ein Besuch beim „Augustiner" (ein köstlicher Schweinsbraten hat sich unserer Erinnerung bemächtigt) kann nachhaltig wirken, sondern auch eine kleine geistige Pause in der Pfarrkirche St. Nikolaus, wo neben einem hl. Erasmus des Meisters von Seeon (15. Jh.) vor allem ein realistisch wirkender Kruzifixus die Hingabefähigkeit des Künstlers an sein Werk widerspiegelt.

In Höhe des „Augustiner" biegt unsere Route nach rechts ab, passiert die Kirche und zieht nun Aindorf zu. Die Obinger Straße verlassen wir dort vor dem Bahngleis nach links auf ein Bauernstrasserl, das uns mit phantastischer Hintergrundkulisse verwöhnt: Hochfelln, Hochgern, Hochplatte, Kampenwand u. a. mehr. An der Teerstraße münden wir nach links ein, erreichen bald Taiding.

Taiding - Amerang und **Schlußakkord-Alternative** siehe Seite 32.

Prien, bürgerlicher Nachbar der Königsinsel Herrenchiemsee

Ein besonders nachhaltiges Erlebnis wird für viele Prien-Besucher, insbesondere für Kinder, eine Fahrt mit der über 100 Jahre alten Dampftrambahn vom Bahnhof Prien zum Hafen Stock. Auf der alten Schmalspurbahn schnauft und ächzt das nostalgische Zügerl in sieben Minuten an sein Ziel.

Prien entstand im 12. Jh., als Graf Siboto von Falkenstein einen zentral gelegenen Gerichtsort suchte. 1897 wurde dem Dorf Marktwürde verliehen, seit 1960 darf Prien sich Kneippkurort nennen. Im 18. Jh. gestaltete der Wessobrunner Stukkator und Freskant Joh. Bapt. Zimmermann die Pfarrkirche Mariä Himmelfahrt, das wertvollste Gotteshaus im westlichen Chiemgau aus jener Zeit, zu einem prachtvollen Rokokoraum um. 1736 gelang es dem Turmspezialisten Christian Raab, einem Technikgenie, die guterhaltene Spitze des alten Kirchturms in luftiger Höhe 8 m weiter auf den neuen Unterbau zu verschieben. Die Allerseelenkapelle (1500) ist umgeben von einem Arkadengang. Hübsch nimmt sich die Ladenreihe an der Friedhofsmauer aus; einst standen hier kleine Läden aus Holz, sogenannte „Luckbänke".

Die Geschichte Priens ist im überreichen Heimatmuseum, im „Mayrpaul-Haus", dokumentiert. Diese anheimelnde „Historienherberge" mit Biedermeierportal und Lüftlmalerei öffnet zu folgenden Zeiten: Di-Fr 10-12 und 15-17 Uhr, Sa 10-12 Uhr. Sehr anziehend dürfte für so manchen auch die Bildergalerie im Alten Rathaus sein (dominierend die Werke der Chiemseemaler vom 18. bis zum 20. Jh., zugänglich Mi-So 14-17 Uhr, Sa So zusätzlich 10-12 Uhr.

Ludwig Thoma, der Försterssohn aus Vorderriß, verbrachte als Gymnasiast seine Ferien in Prien (Seestraße 23/Gedenktafel). So manche damalige Beobachtung hat er später, oft mit viel Ironie gepaart, in seine Werke eingeflochten. Sensibel neidete er der hier wirkenden Künstlerschar ihr Talent, die atemberaubende Schönheit dieses Reviers mittels Farbe und Pinsel auszudrücken.

 Weitere touristische Informationen bei der Kurverwaltung Prien, Tel. 08051/69050.

7

Rund ums "Bayerische Meer"

In diesem Radwanderführer eine Umrundung des Chiemsees anzubieten, erschien uns verpflichtend. Verbunden damit sei aber die Bitte, dieses Unternehmen möglichst nicht in der Hauptsaison zu starten. Wir haben uns für die kürzeste Möglichkeit entschieden - „Erfolgserlebnis für viele" war unsere Devise. Den Autobahnlärm am Südufer werden Sie garantiert rasch vergessen haben!

Toureninfos

 54 km.

 Die Umrundung des Sees ist unbeschwerlich, allerdings ist etwas Ausdauer einzubringen. Sie verläuft fast völlig eben, bevorzugt auf Radwegen und bietet phantastische Natureindrücke.

 Prien, Bahnhof.

 Feldwieser Landzunge, Seewirtschaft(Terr), Strandkiosk; Gaststätte Hirschauer Bucht (Terr); Chieming, Gasthof Unterwirt (Bg), Gasthaus Seehäusl (Terr); Seebruck, Gasthof zur Post (Bg); Restaurant-Café Malerwinkel (Terr); Schalchenhof (Terr); Schafwaschen, Gasthof Seehof (Terr); Prien.

 Harras, Badeplatz Schraml (Versorgungsstation); Badeplatz Schöllkopf (Kiosk); Strandbad Felden; Strandbad Feldwies; Chieming: Strandbad, Freibadestrand, Hallenbad; Seebruck: Freibadeplätze, Strandbad Chiemseepark, Hallenbad (Hotel Wassermann, öffentlich); Strandbad Gollenshausen (Kiosk); Strandbäder Gstadt („Nord"/Kiosk und „Süd"/Café Inselblick); Strandbad Urfahrn, Strandbad Stadl (Kiosk); Altes Strandbad Kailbach; Rimsting: Badeanlage Westernach, Hallenbad; Prien, Strand- und Warmbad.

Feldwies, Exter-Kunsthaus:
tgl. außer Mo 17-19 Uhr;
Naturpavillon: Mi-So 13.30-
17.30 Uhr. Seebruck,
Römermuseum Bedaium:
Di-Sa 10-12 und 15-17 Uhr,
So 15-17 Uhr.

Verkehrsämter: Chieming
(Tel. 08664/245), Seebruck
(Tel. 08667/7139), Gstadt-
Gollenshausen (Tel. 08054/
339).

Info

Die letzte Eiszeit hat mit ihrer
Gletschertätigkeit den Chiemgau geschaffen und uns dann auch noch
beschenkt mit dem 82 qkm großen
Riesenauge **Chiemsee**, der wie ein
Meer seinen Wasserspiegel rhyth-
misch hebt und senkt. Einst betrug
seine Beckengröße ein Dreifaches
von heute, der Wasserspiegel lag um
19 m höher - Marquartstein und
Truchtlaching stünden somit unter
Wasser. Zahlreiche Inseln ragten aus
diesem eiszeitlichen Meer.

Die Tiroler Ache, die am Nordufer als
Alz den See verläßt, ist wichtigster Wasserzubringer (über 60 %). Ihre ebenso eifrig
betriebenen Geröllieferungen werden, so die Geologen, in 8000 - 9000 Jahren den
See zugeschüttet haben. Das viellappige Mündungsdelta östlich der Feldwieser Landzunge ist ein Eldorado für die Vogelwelt und steht unter Naturschutz. In dieser Kernzone gilt absolutes Betretungsverbot. Ganz allgemein stellen das Südufer und das
Nordufer sehr reizvolle Gegensätze dar: Hier ausgedehnte Möser, dort Endmoränen-
wälle. „Vater, Mutter und Kind" nannte einmal ein Betrachter das Inseltrio im See,
das noble Herrenchiemsee, die klösterliche Fraueninsel und die winzige ovale Kraut-
insel.

Ökologisches Gleichgewicht für die Wasserqualität verspricht die Ringkanalisation.
Für Ausgewogenheit im Naturhaushalt der Uferregion (hier auch Brutbestände selten
gewordener Vogelarten!) sind auch wir Pedalritter mitverantwortlich!

Tip

Ins Tagesprogramm Ihrer Chiemseeumrundung können Sie durchaus, allerdings abhängig von Ihrem Fahrtempo, den Besuch einer der größen Inseln (Sehenswertes siehe Seite 10) einplanen, wobei das Fahrrad aber am Ufer bleiben muß! Die stolze Flotte der Chiemseeschiffahrt bietet sich zur Überfahrt ebenso an wie zu einer Kombination Radtour/Seefahrt (siehe Seite 118).

Vorweg ist auch noch anzumerken, daß der Chiemsee-Rundweg gut ausgeschildert ist, Sie sich also gut werden orientieren können.

Vom Bahnhof Prien aus erreichen wir über die Seestraße Stock. In Höhe der Schiffsanlegestelle schwenken wir zu einem Auftakt von 2,5 km nach rechts. Dann wenden wir uns in Richtung Seeufer, wo wir schon bald von reizvoller Riedlandschaft und dem Licht-/Schattenspiel von Birken verwöhnt werden. Im Anschluß an den Bogen um den Irschener Winkel bewegen wir die Pedale etwas kräftiger (es droht Autobahnlärm!).

Die prächtige Schau auf die fast greifbar erscheinende Herreninsel und die etwas nach hinten verschobene Fraueninsel mit dem typischen Wahrzeichen, dem freistehenden Münsterturm, entschädigt jedoch. Eine Moorforschungsstelle liegt am Weg. Schon bald tauchen wir unter der Autobahn durch, flitzen nun Feldwies entgegen.

Ein Ausflug zur **Feldwieser Halbinsel** über die Julius-Exter-Promenade (ca. 4 km) ins Naturschutzgebiet „Mündung der Tiroler Achen" und zur Seenotkapelle St. Nikolaus könnte durchaus die Rundtour säumen. Über Lachsgang und Seethal/Baumgarten ist unkompliziert wieder einzufädeln.

Ein Steg geleitet uns über die Tiroler Ache. Unsere Route schwenkt jenseits des Rothgrabens in nördliche Richtung (Informationen übers Naturschutzgebiet!). Wir kommen wieder in Seenähe.

An der **Hirschauer Bucht**, wo uns der Chiemseezauber wieder einmal geballt die Sinne betört, sollten wir vergnügten Freizeitkämpfer uns und unseren Drahteseln ein wenig Ruhe gönnen. Die idyllische Schilfbucht, eine gemütliche Radlereinkehr und wiederum Info-Tafeln stellen Leib, Seele und Geist zufrieden. Baden ist hier allerdings nicht zu empfehlen.

Über Hagenau erreichen wir Chieming.

Im Ortsnamen **Chieming** steckt der Personenname Chiemmi. Darin verbirgt sich wiederum die germanische Sprachwurzel „kim" (= keimen). See- und Landschaftsbezeichnung orientierten sich später an dieser sprachlichen Keimzelle. Im Gemeindewappen sind die römische Tradition (Schwert) und die über 1000 Jahre während Zugehörigkeit zur Diözese Salzburg (Schlüssel) symbolisch dargestellt. - Ein 6 km langer flacher Strand mit Strandbad, Seepromenade und Freibadestrand läßt die Augen der Wasserenthusiasten groß werden. Der reizvolle Pfeffersee am Ortseingang schätzt nur Badefans aus dem Bereich der Fauna.

Die Stötthamer Straße ist wieder identisch mit dem Chiemseerundweg, der nun, leicht bergauf, Seehäusl mit seiner beliebten Einkehrstation zu zieht. Die Ortsmitte von Seebruck ist relativ verkehrsarm zu erreichen, wenn wir, zu Beginn des Ortsteils Graben, per Unterführung in einen 50 m kurzen Radweg einfädeln, dann über die Haushoferstraße die Alzbrücke anpeilen.

Durch **Seebruck** führte zur Römerzeit eine wichtige Fernstraße (Augsburg-Salzburg), Rätien und Noricum miteinander verbindend. Zu ihrem Schutze wurde am Alzübergang Ende des 3. Jh.s das Kleinkastell Bedaium errichtet (Gelände der Pfarrkirche). Das Römermuseum Bedaium zeigt bedeutende keltische und römische Funde aus dem Chiemgau. An der Stelle des Ausgrabungspavillons „Darre" wird ein Räucher- und Dörrhaus vermutet.

Das Portal der von Meister Jörg aus Schnaitsee erbauten gotischen Kirche St. Thomas ist mit kunstvoll zu Lilien geformten Eisenbändern geziert. - Katharina Thoma, Mutter des Dichters Ludwig Thoma, einst Wirtin im Gasthof zur Post (Ludwig-Thoma-Stube!) liegt hier auf dem Friedhof begraben. Den Schriftsteller und Volkskundler Felix Dahn (historische Werke, u. a. „Ein Kampf um Rom") verband eine besondere Liebe zu seinem Urlaubsort. - Alljährlich findet Ende Juli/Anfang August in Seebruck ein faszinierendes Seehafenfest statt.

Wir fädeln in die Römerstraße ein, wechseln bald wieder nach links zum Uferweg. Entlang der Burghamer Filze erreichen wir Gollenshausen.

In **Gollenshausen** gibt es ein internationales Zentrum der Segelschulung.

Kurz hinter dem Schalchenhof (steht rechts oben!) peilen wir, uns rechts haltend, die Autostraße an, deren begleitenden Radweg wir bis Gstadt benutzen.

In dem Kirchlein St. Peter am nördlichen Ortsrand von **Gstadt** rahmt eine karolingische Steinplatte aus dem 9. Jh. eine Sakramentsnische. Der Ort gehörte einst der Abtei Frauenchiemsee und war auch deren Hofmark. - Der einzigartige Blick auf den See, die Fraueninsel, auf die Bergzwillinge Hochfelln und Hochgern ist bereits Legion. Maler, Fotografen sind stets wieder aufs neue fasziniert von dem Phänomen der sich fortlaufend wandelnden Stimmung, dem sich überraschend anders gebärdenden Licht.

Südlich von Breitbrunn, der ältesten Siedlung im Chiemgau, kurven wir um die Mühlner Bucht zur Spitze von Urfahrn.

Von **Urfahrn** aus ließ sich der Bauherr König Ludwig II. 1881-1885 regelmäßig zur Herreninsel hinüberrudern. An diesem Engpaß erscheint uns die Kreuzkapelle (1679) wie eine Fata Morgana (siehe auch Seite 46). Zwischen der Urfahrner Insel und dem „Halbinsel-Socken" Sassau ist die Ufervegetation noch gut bewahrt, doch, leider, auch stark bedroht.

In Höhe der Sassauer Halbinsel wird unserer Neugierde ein Riegel vorgeschoben, so daß wir rasch, auf einem besonders stimmungsvollen Wegabschnitt und einem kurzen Autostraßen-Intervall bereits am Westufer der Schafwaschener Bucht anlangen, über dem Rimsting thront.

Info

Rimsting ist nachweislich schon viel länger besiedelt als uns die erste urkundliche Erwähnung (1180) glauben machen möchte. - Die Inneneinrichtung der Pfarrkirche St. Nikolaus weist vornehmes Schwarz-Gold auf - Hochaltar und Kanzel schmückten einst die Domstiftskirche Herrenchiemsee. Vom Zimmerer Christian Raab, Turmspezialist aus Achthal (siehe auch Seite 40 u. 56) stammt die eigenwillige Turmbekrönung. Eine interessante Geschichte weist der Findling neben der Kirche auf.

Auf dem Gelände des ehemaligen Rimstinger Bahnhofs erinnert eine Gedenktafel (1995) an Ludwig II., der sich von hier aus per Kutsche zum Bootsstützpunkt Urfahrner Spitze bringen ließ. Eine Linde wächst an der Stelle, wo einst der Empfangssalon stand.

Aussichtsterrasse Ludwigshöhe siehe Seite 56.

Streuwiesen säumen unseren Weg. Wir überqueren die verträumte Prien, kurz bevor sie ihr Wasser dem See schenkt. Von Stock aus streben wir der Ortsmitte von Prien zu, landen wieder beim Bahnhof.

Unermüdlich pfaucht seit über 100 Jahren das Priener Bockerl zwischen Prien und Stock

8

Hinein ins Priental zum ehemaligen Domizil zahlreicher bayerischer Adelsgeschlechter

Toureninfos

km 30 km.

Bis Bernau völlig eben; dann Beginn einer recht unterschiedlich geformten Buckelpiste, durchsetzt mit steileren Anstiegen.

START Prien, Bahnhof.

Bernau, Gasthof zum Alten Wirt (Bg); Seiser Höfe (Terr); Aschau; Höhenberg, Café Pauli (Terr); Wildenwart, Schloßwirtschaft (Bg); Urschalling, Mesner-Stub'n (Terr); Prien.

Harras, Badeplatz Schraml (Versorgungsstation); Badeplatz Schöllkopf (Kiosk); Strandbad Felden; Bernau, Hallenbad; Innerkoy, Freibad; Aschau, Hallenbad, Moorbad.

Schloß Hohenaschau, Schloßführungen: Mai bis Sept. Di-Fr 9.30, 10.30, 11.30 Uhr; April und Okt. nur Do (Treffpunkt vor dem Prientalmuseum); Prientalmuseum und Burgladerl: wie bei den Schloßführungen, zusätzlich April bis Okt. So 13.30-17 Uhr.

i Kur- und Verkehrsamt Bernau: Tel. 08051/7218 und 89280. Kurverwaltung Aschau: Tel. 08052/904937.

Der erste Abschnitt dieser Priener Radwanderung deckt sich mit dem von Tour 7. Am Ortsrand von Felden jedoch schwenken wir nach rechts in die romantische Birkenallee ein, erfreuen uns am bezaubernden Bergpanorama. Vor Bernau wechseln wir ans andere Ufer der Bernauer Ache. Nun beradeln wir die Alte Seestraße, die Irschener Straße und den Kapellenweg. Durch die Bahnunterführung (rechts) wird es uns leicht gemacht, zum Zentrum Bernaus vorzustoßen (Am Anger, Sommerlandstraße, dann Richtung beibehalten!).

Info

Der Kirchplatz des Luftkurorts **Bernau** bietet eine prächtige Szenerie: Die spitztürmige St.-Laurentius-Kirche thront inmitten des Friedhofs auf dem Kirchenhügel, an dessen Fuß eine Gedenksäule an den verdienten Tafernwirt Cristan Seiser erinnert. In seinem Gasthaus, dem traditionsreichen „Alten Wirt", logierte 1504, im Landshuter Erbfolgekrieg, Kaiser Maximilian I. Schräg gegenüber, im turmgezierten Schlößchen, residierte bis 1933 der gefeierte Wiener Burgschauspieler Ferdinand Bonn, heute sind's die Gäste des Wirts.

Wir vertrauen uns nun der Aschauer Straße an (Radweg). Autostraße samt Radweg folgen gehorsam dem gebuckelten Untergrund. Ringsum scheinen grünsamtene Teppiche ausgebreitet, auf denen da und dort Bauernschlösser thronen.

Tip

In Außerkoy werden wir zu einem für Magen und Herz lohnenden **Abstecher** von 900 m hinauf zu den Seiser Höfen eingeladen. Von hier aus ist die Abendmahlkapelle in ca. 20 Min. zu erwandern. Es besteht auch die Möglichkeit, mit dem Fahrrad den Parkplatz hinter Gschwendt anzusteuern, Ausgangspunkt für Fußwanderungen: zur sehenswerten Aufschlagwasserfassung Aigen (600 m, Infotafeln), zur Steinlingalm und Kampenwand oder zur Maisalm (20 Min.).

Wir haben Blickkontakt mit dem Hochmoor Buchafilz, dem Bärnsee und nähern uns alsbald dem Luftkurort Aschau.

Info

Bereits im 10. Jh. nannte sich das Talbecken der Prien Eschenau. Nach dem Bau der Burg unterschied man bei **Aschau** zwischen Niederaschau (alter Ortskern) und dem Bereich um den Herrensitz (Hohenaschau). - Wie eine bedeutende Klosterkirche präsentiert sich die Hügelkirche in Niederaschau „Zur Darstellung des Herrn", einst Hauptkirche der Herrschaft Hohenaschau. Wer ihre wechselhafte Kunstgeschichte kennengelernt hat, kann sich nur wundern, daß trotz der zahlreichen Experimente hinsichtlich des Stils ein harmonisches Ganzes sich uns dartut. Die lebendigen Rokoko-Seitenaltäre stehen in ihrer Wirkung im Gegensatz zum neubarocken Hochaltar. Eine feine Schnitzarbeit stellt die reichdekorierte Barockkanzel dar.

Vermutlich ein Werk des Wasserburgers Jakob Laub ist die Schutzmantelmadonna von 1632 im südlichen Seitenschiff. Auch in der benachbarten spätbarocken Kreuzkapelle waren bekannte Künstler des 18. Jh.s am Werk. - Das Hotel Post galt über Jahrhunderte als bedeutendstes Tafernwirtshaus des westlichen Chiemgaus. - Rollende Verbindung zwischen Prien und Aschau ist die Chiemgaubahn.

Über Kirchstraße und Zellerhornstraße ist leicht das nur gut zwei Kilometer entfernte, am Eingang ins alpine Priental gelegene, Hohenaschau zu erreichen.

Im Jahre 1167 erbauten Konrad und Arnold von Hirnsberg auf dem talbödigen Berg-kegel zwischen Kampenwand und Zellerhorn eine mächtige Höhenburg. Aus der „Ur-zeit" sind noch der Bergfried und die Grundmauern des Palas erhalten. In der Folge erlebte **Schloß Hohenaschau** eine wechselhafte Geschichte; baugeschichtlich beson-ders stürmisch verlief sie in der Renaissance- und Barockzeit. Im Rahmen einer Füh-rung können Wehranlage, Schloßkapelle, Bergfried, Preysingsäle, Terrassen und In-nenhof besichtigt werden. Das ehemalige Benefiziatenhaus beherbergt das Prientalmuseum (Darstellung der Herrschaft von Hohenaschau und der Eisenindustrie im Priental).

Das Burgladerl bietet Kunsthandwerkliches und sorgt für das leibliche Wohl der Besu-cher. Die sommerlichen Schloßkonzerte werden von Musikfreunden sehr geschätzt.

Einst lebten auf Hohenaschau auch die Herren von Freyberg, Eisenindustrielle, die Roheisen aus nahegelegenen Gruben verarbeiten ließen. Vom 17. bis hinein ins 19. Jh. prägten sogenannte Drahtzüge hier mit das Landschaftsbild. Auf Ziehbänken oder Drahtleiern wurde unterschiedlich starker Draht hergestellt. Joh. Georg von Dillis hat in seinem Aquarell „Ansicht des Schlosses Hohenaschau von Westen" den Drahtzug von Hammerbach (in dessen felsiger Schlucht heute noch Relikte zu sehen!) mitein-bezogen.

Von Hammerbach aus bietet sich die Möglichkeit, vorbei an der Drahtzugruine, den Gipfeln Zinnenberg, Klausenberg und der Hochries entgegenzuwandern.

Kampenwand: Mit der Kampenwandbahn als Aufstiegshilfe zum Traumberg des Chiemgaus (Deutschlands höchstes Gipfelkreuz) können Sie Ihrem Radlausflug noch eine besondere Note verleihen. In 14 Minuten sind Sie an der Bergstation. Von dort aus dürfen Sie den Panoramaweg zur Steinlingalm genießen (30 Min.). Der Aufstieg zum Ostgipfel (1669 m) setzt dann allerdings schon alpinistische Erfahrung voraus (zusätzlich 1 Std.).

Die Kampenwandstraße (teils Radweg) bringt uns zurück nach Aschau. Kurz vor dem Ortsende schwenken wir von der Bernauer Straße nach links, Richtung „Umrathshausen", folgen dem Wegpfeil „Café Pauli". Vor uns, auf einem Moränenhügel, liegt malerisch der Weiler Höhen-berg.

Vom Moorbad aus bietet sich eine kleine Naturexkursion zum nacheiszeitlichen **Bärnsee** an. Auf engstem Raum sind hier Flachmoor, Übergangsmoor und Hoch-moor mit Pflanzenraritäten anzutreffen. Bitte den Weg nicht verlassen!

Kinder sind vom Revier des **Café Pauli** begeistert, gibt es hier doch nicht nur einen attraktiven Mini-Einfirsthof zu bestaunen, sondern auch die beseligende Nähe von Ziegen, Wasservögeln, Hasen, Fasanen und anderen Tieren zu erleben.

Es zieht uns förmlich bergan, hinauf zum gotischen Kirchlein von Höhenberg.

Die Kirche Hl. Kreuz im noch ursprünglichen **Höhenberg** ist eine ehemalige salzburgische Meierhofkirche. Im frühbarocken Hochaltar finden wir eine eindrucksvolle Pietà-Gruppe vor einem Kreuz plaziert. Staunend betrachten wir die beiden spätgotischen Seitenaltäre mit je zwei Heiligenfiguren im Schrein, dem Stile des Meisters von Rabenden nachempfunden.

Streng nordwärts zielen wir auf die Autobahn, beradeln dann aber kurz die querende Teerstraße nach rechts, folgen nun dem Wegweiser „Hittenkirchen". In Höhe von Pfaffing zeigt sich linkerhand Umrathshausen mit seiner Kirche Hl. Blut äußerst fotogen. Um später zwischen Kothöd und Hittenkirchen die prächtige Sicht auf den Chiemsee genießen zu können, müssen wir uns erst einmal aufwärts plagen.

Hitto, um 800 Vorsteher des Benediktinerklosters auf der Fraueninsel, findet sich im Ortsnamen des hoch über dem Chiemsee angesiedelten **Hittenkirchen** wieder. Im barockisierten Kirchlein St. Bartholomäus wirkte ein Meisterpaar aus Weilheim: der Maler Mathias Schöfftlhuber und der Schnitzer David Degler. Auf dem Friedhof wurde eine langjährige Dorfbewohnerin, eine „Grande Dame" des Theaters, Elisabeth Flickenschildt, 1977 zur letzten Ruhe gebettet.

Unsere Tour wendet sich bereits vor Hittenkirchen nach links; leicht bergauf stoßen wir auf die Straße, die nach Prien führt.

Ein Katzensprung nur ist's nach rechts zum „Chiemseeblick"!

Links einschwenkend folgen wir nach 75 m der Wegtafel „Vachendorf". An der Talsohle queren wir das Bahngleis der Chiemgaubahn (Bahnhof Vachendorf).

Hier können Sie zu einem **Abstecher** von 1,3 bzw. 3,5 km (einfach) ansetzen, der Sie - wildromantisch - zum Wittelsbacher-Schloß Wildenwart bzw. zur früheren Wallfahrt St. Florian entführt. Eine flotte (Prien-) Talfahrt und ein etwas steiler Anstieg kennzeichnen den Streckenabschnitt nach Wildenwart, wo König Ludwig III., der "Millibauer", in seinem Schloß, einer vornehmen Vierflügelanlage (keine Besichtigung!) 1918 Schutz vor den Revolutionären suchte. - Weniger anstrengend ist die Fortsetzung hin zur St.-Florians-Kirche und die benachbarte Brunnenkapelle. Nicht nur die Tatsache, in äußerst idyllischer Umgebung Aug' in Aug' mit der Kampenwand uns wiederzufinden, sondern auch das kunsthistorische Erlebnis in der ehemaligen Wallfahrtskirche begeistert.

Wir radeln an Vachendorf vorbei, erreichen unproblematisch, doch wegweiserlos, Bauernberg. Dort rechts, Richtung „Urschalling", einschlagend, steigen wir um auf ein feines geteertes Radlsträßlein, zunächst durch Golfgelände ziehend, dann die Weiler Irgarting und Schmieding berührend.

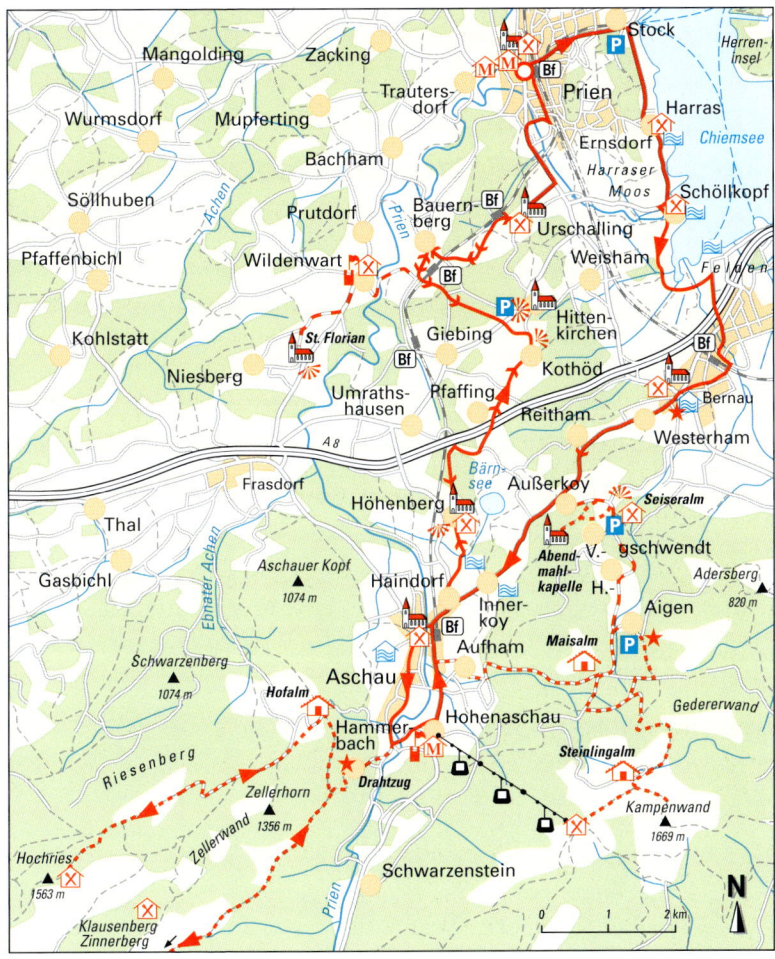

Info

Vor dem letzten Anstieg hinauf nach Urschalling, unweit des Bahnhaltepunkts, demonstriert eine **Deponiegas Nutzungsanlage** der Isar-Amperwerke AG umweltfreundliche Stromerzeugung. - Das wegen seiner berühmten gotischen Freskenkunst - diese „Bilderbibel" hat im süddeutschen Raum nicht ihresgleichen - weit bekannte romanische Jakobuskirchlein von **Urschalling** verdankt seine Existenz einem Falkensteiner; St. Jakobus war der Hausheilige dieses Adelsgeschlechts. Der sogenannte Schalenstein in der Raummitte ist wahrscheinlich ein romanisches Leuchtergerät, in dem Fettlichter vom Volk unterhalten wurden.

Wir lassen unsere Drahtesel hinunterlaufen zur Bernauer Straße (Radweg). Nach links schwenkend, sind unschwer Prien und sein Bahnhof zu finden.

9

Ausflug zum Simssee über die Aussichtskanzel Ratzinger Höhe

Falls Sie noch nicht über genügend Ausdauer verfügen, empfehlen wir Ihnen, diese herausragende Tour noch ein wenig aufzuschieben, immerhin beträgt allein schon die Höhendifferenz Prien-Ratzinger Höhe runde 160 m; auch die folgenden Passagen erfordern gute Kondition! Gewandte Radler aber erwartet Genußvolles! Bei Farnach bietet sich eine Möglichkeit, diese anspruchsvolle Radlwanderung abzukürzen.

Toureninfos

km 42 km (Kurzvariante 19 km).

Fordernde Steigungen, aber auch erfrischende längere Gefällstrecken prägen diese anspruchsvolle Radwanderung, die wir nur kräftigen Genußradlern empfehlen. Für das unruhige Geländeprofil entschädigen reichlich atemberaubende Ausblicke.

START Prien, Bahnhof.

Weingarten, Gasthof „Der Weingarten" (Terr); Gastwirtschaft Farnach (Brotzeit- und Cafébetrieb, Bg); Abkürzungsvariante/ Gaststätte Schützenhaus (Bg); Söllhuben, Gasthof zur Post (Bg); Ecking, Seegasthof (Terr); Weinberg, Gocklwirt/Spezialitätenrestaurant (Bg); Simssee, Waldgasthof Liebl (Bg) u. a.; Hirnsberg, Gasthaus Hilger (Bg); Schafwaschen, Gaststätte Seehof (Terr); Prien.

Simssee: Strandbad Ecking, Badeplatz Simssee (Kiosk), Badeplatz Fischerstüberl, Strandbad Krottenmühl. Chiemsee: Rimsting,Badeanlage Westernach, Hallenbad; Prien, Strand- und Warmbad.

Weinberg/Gocklwirt, Freiluft-Technikmuseum: frei zugänglich, Weltuhr: So 15 Uhr, Führung ab 10 Personen.

Verkehrsamt Rimsting: Tel. 08051/4461.

Die erste Etappe Prien-Rimsting verläuft zunächst eben, dann folgt jedoch bereits der erste steigungsintensive Streckenabschnitt: Wir halten uns, vom Priener Bahnhof her kommend, hinter der Eisenbahnunterführung an den Wegweiser „Rimsting".

Rimsting siehe Seite 46, **Ludwigshöhe** Seite 56.

In Höhe der Rimstinger Kirche schwenken wir nach rechts, am Ortsende folgen wir der Wegtafel „Gmein". Nach einem Gefälle und einem Anstieg lassen wir uns vom Wegpfeil „Hötzelsberg" leiten. Nun heißt`s ein wenig Durchhaltevermögen zeigen! In Dirnsberg geraten wir schon langsam in Siegeslaune.

Info

Im Moarhof von **Dirnsberg** begegnen wir dem wohl stilreinsten Itakerhof im Chiemgau. Man vermutet, daß solch fensterreiche Höfe mit beachtlicher First- und Traufhöhe, eigentlich Fremdkörper in dieser Region, Mitte des 19. Jh.s von Wanderarbeitern aus dem Friaul errichtet wurden.

Kurz hinter Dirnsberg erreichen wir den höchsten Punkt der Ratzinger Höhe - welch ein Panorama!

Info

Die **Ratzinger Höhe** (693 m) ist der Ausläufer eines Höhenrückens, der, etwa bei Grassau beginnend, sich später parallel zum westlichen Chiemseeufer hinzieht. Auf einer südlichen Terrasse hat sich das sehr alte Kirchdorf Greimharting angeschmiegt.

Zum Teil ist unsere Ausflugsroute identisch mit dem „Obst- und Kulturweg Ratzinger Höhe", der dazu beitragen soll, daß „Dorf- und Landschaftsbestandteile erkannt und erhalten werden".

Tip

Im nahen **Gattern** wird Sie ein phantastischer Blick auf den 220 m tiefer liegenden Simssee begeistern! Stille Einkehr bietet die rokokogezierte Gatternkapelle (Fußabstecher).

In Berg lassen wir zunächst unsere Räder Richtung „Weingarten" laufen. An der vorbeistrebenden größeren Autostraße entscheiden wir uns für rechts. Hinter Ratzing dürfen wir - mit prachtvollen Landschaftsbildern verwöhnt - ständig bergab rollen, bis wiederum eine breite Straße unseren Schwung bremst. Ca. 600 m sind`s nach rechts bis zur Abzweigung „Farnach".

Info

Vielleicht hilft eine Stärkung beim Wirt in **Farnach**, die nächste Etappe wieder kraftvoll anzugehen. Der benachbarte Edelsitz gehörte in der Barockzeit den Herren von Preysing-Hohenaschau. Über einen von ihnen gelang es den Söllhubenern, für den Neubau ihrer Kirche den berühmten Architekten Joh. Mich. Fischer zu gewinnen.

Tip

Abkürzung: Für die, die hier bereits Ermüdungserscheinungen zeigen oder aus anderen Beweggründen vorzeitig nach Prien zurückkehren wollen, bietet sich ab Farnach folgende Lösung an: über Stetten, Bachham und Siggenham (dort rechts!) in den geteerten Fußweg nach Prien, der auch für Radler erlaubt ist, einzufädeln - am Weg ein außergewöhnliches E-Werk (Oskar von Millers erstes Bauwerk!).

Über Tiefenthal radelnd, müssen wir nun, hinauf nach Parnsberg, wieder die Gänge zurückschalten. Mit der Muskelanspannung jedoch wächst gleichzeitig die Freude über die verschwenderische Pracht der Landschaft. Diese genießen wir dann noch eingehender über Söllhuben in Gesellschaft der lindenüberkrönten Marienkapelle. Während noch die paradiesischen Eindrücke von Simssee, Chiemsee und der Gebirgskette in uns nachklingen, nähern wir uns der sehenswerten Kirche von Söllhuben.

Info

St. Rupert und Martin in **Söllhuben** ist Joh. Michael Fischers letztes Werk, in dem bereits klassizistische Strenge anklingt.

Zunächst Richtung Riedering rollend, verlassen wir aber dann diese breite Autostraße und streben Neukirchen zu.

Ergebnisse einer Sammelleidenschaft

Info

Am Gotteshaus von **Neukirchen** berichtet eine Tafel vom geistlichen Wirken des Jesuitenpaters Alfred Delp hier in dieser Pfarrgemeinde von 1941 bis 1943. Als Mitglied des Kreisauer Kreises, einer Widerstandsbewegung, wurde Pater Delp am 2.2.1945 in Berlin-Plötzensee gehängt. Joseph Adam Mölck hat die Deckenbilder dieser Marien-Wallfahrtskirche (Gnadenbild eine Kopie von Maria Stern, Taxa) gemalt.

Wir lassen unsere Räder nach Ecking (einladende Einkehr im Seegasthof!) hinunterlaufen. Jenseits der querlaufenden Autostraße radeln wir ca. 50 m Richtung See, schwenken dann auf dem Radweg Nr. 16 hinein in den Wald. In Schlierholz folgen wir dem Wegweiser „Simssee-Wanderweg" (identisch mit Radweg Nr. 16). Moorlandschaft umgibt uns. Vor dem Bahngleis müssen wir rechts schwenken. Das mit technischen Antiquitäten gefüllte Areal des bekannten Sammlergastronomen „Gocklwirt" lockt uns an.

Gocklwirt/Weinberg und Simssee siehe Seite 18.

Nun radeln wir, anfangs wie bei Tour 2, am Westufer des Sees entlang, Krottenmühl passierend. Am Ende der Seestraße knicken wir nach rechts, durchqueren Eichen, kommen durch die Achenniederung wiederum flott voran.

 Etwa in Höhe des Campingplatzes beim Weiler See wäre die Möglichkeit eines kurzen Aufstiegs (10 Min.) zur **Höhenkirche Mariä Himmelfahrt** in Hirnsberg (Stufen!) - etwa 100 m Höhenunterschied. Einst stand hier eine Wehrburg der Falkensteiner. Die liebevoll stuckierte ehemalige Wallfahrtskirche beherbergt einen eindrucksvollen Kreuzaltar. Schlüssel im Lebensmittelgeschäft.

Am Südrand des Thalkirchner Mooses, einem Flachmoor, radelnd, gelangen wir über Rain und Thalkirchen hinüber nach Antwort.

 Ein berühmter Baumeister, Lorenzo Sciasca aus Graubünden, wurde von den Herrenchiemseer Pröpsten mit dem Neubau der Barockkirche Mariä Himmelfahrt in **Antwort** beauftragt, die Joseph Adam Mölck mit Deckengemälden, und ein noch unbekannter Meister mit zartem Stuck dekorierten. Im linken Seitenaltar ist das Gnadenbild zu finden. Votivgaben und Votivtafeln erzählen von Gebetserhörungen. Im Laufe der Zeit lief die Wallfahrt zur „Maria im Thal" der „Bergwallfahrt" Hirnsberg den Rang ab.

Nach Mauerkirchen mit seiner Spitzturmkirche ist's nicht weit.

 Mauerkirchen unterstand im Gegensatz zu Antwort dem Kloster der Fraueninsel. Das spätgotische Kirchlein St. Johannes und Paulus aus dem 15. Jh. ist hübsch ausgemalt, der frühbarocke Hochaltar (Gemälde: Johannesvision auf Patmos) ist formenreich gestaltet. Der hohe Turmhelm ist Christian Raab aus Achthal (siehe auch bei Prien und Rimsting!) zu verdanken. - Ein 40 m langer Bundwerkstadel mit 14 Bundwerkknoten ist hier zu finden (1815).

Vor dem Bundwerkstadel flüchten wir wegen des dichten Verkehrs nach rechts in das Sträßlein „Schweitzerberg", um nun über den Weiler Gmein Rimsting anzupeilen.

 Nicht nur zur Zeit der Romantik schätzten Maler den Blick von der **Ludwigshöhe** über Rimsting auf fast den gesamten See und die drei Inseln. Über den Ludwigshöhenweg ist für den Aufwand von nur ca. 5 Min. Fußmarsch auch für uns diese großartige Schau zu haben!

In Rimsting lenken wir in Richtung Eggstätt. Nach ca. 200 m knicken wir zum See hinunter („Schafwaschen"). Hinter der Bahnunterführung halten wir uns links und fädeln bei der Gaststätte Seehof in den Seerundweg ein (siehe auch Seite 45). Prien ist schnell erreicht.

Seeon - vom Kloster zum Bildungszentrum

Im Jahre 994 gründete der mächtige bayerische Pfalzgraf Aribo I. (Hochgrab von Hans Haider in der Stiftskirche!) auf der befestigten Insel „Burgili" im Klostersee ein Haus- und Begräbniskloster. Die **Benediktiner-Abtei Seeon** wurde bekannt als Zentrum der Buchmalerei, der Wissenschaft und der Musikpflege (Kontakte zu Joseph Haydn und Wolfgang Amadeus Mozart). Auf der damaligen kleinen Nachbarinsel existierte ein dem Männerkonvent unterstelltes Frauenkloster St. Walburgis.

Nach der Säkularisation begann für die ehemalige Abtei ein äußerst wechselhaftes Schicksal als Kurbad, Schloß der russischen Familie Romanow-Leuchtenberg (bei der **Walburgiskapelle** Grabstätten mit kyrillischen Inschriften und orthodoxen Kreuzen, auch Ruhestätte von Anna Anderson-Manahan, die behauptete, Zarentochter Anastasia zu sein) und als Kaserne.

Inzwischen wurde die Klosteranlage wieder zu einem geistigen Mittelpunkt: Zum tausendjährigen Gründungsjubiläum entstand ein Kultur- und Bildungszentrum des Bezirks Oberbayern.

Die Pfarr- und ehemalige Klosterkirche **St. Lampert** wird überragt von den charakteristischen Zwiebelhauben. Durch ein romanisches Portal gelangt der Besucher in einen reich dekorierten Kirchenraum, der besonders besticht durch sein engmaschiges gotisches Netzgewölbe (Baumeister Konrad Pürkhel war hier am Werk!) und den darin eingebetteten zahlreichen Freskenbildern aus der Renaissancezeit. Der einstige Mittelpunkt des Hochaltars, die „Seeoner Madonna", vom Meister von Seeon geschaffen, wanderte ins Bayerische Nationalmuseum; eine unzureichende Nachbildung trat an ihre Stelle.

Im Dorf Seeon (früher Niederseeon) birgt das spätgotische Gotteshaus **St. Ägidius** Holzreliefs aus der Schule des Meisters von Rabenden. Der stattliche Alte Wirt, einst Taferne des Klosters, trug früher vier mächtige Türme. Die Seeoner Seenplatte zählt mit zum Wertvollsten, was Oberbayern an Naturgut zu bieten hat (siehe auch Seite 70).

ℹ Auskünfte erhalten Sie beim Verkehrsamt Seeon: Tel. 08624/2155.

10

Durchs sanfte Alztal zum Rokokojuwel Baumburg

Toureninfos

km 39 km (Kurzvariante 25 km).

Etwa die Hälfte dieser Tourenstrecke zieht durchs romantische Alztal; nur wenige Steigungen bremsen das flotte Vorwärtskommen in äußerst verkehrsarmen Bereichen; keine besondere Anstrengung erforderlich.

START Kloster Seeon, Parkplatz.

Truchtlaching; Stein a. d. Traun, Gasthof zur Post (Bg); Baumburg, Bräustüberl (Terr); Altenmarkt, Gasthof zur Post (Terr); Trostberg, Pfaubräu (Bg); Rabenden, Gasthaus Neureiter (Bg); Roiter, Gasthaus Alzfähre (Bg); Höllthal, Terrassen-Café/Fischspezialitäten Hofmann (Terr); Seeon, Alter Wirt (Bg); Kloster Seeon, Herzogstuben (Terr), Klostergaststätte Seeon (Bg).

Freibad Truchtlaching (Alz); Trostberg-Schwarzau, beheiztes Freischwimmbad; Freibadestellen an der Alz; Seeon, Klostersee (Strandbad).

Stein an der Traun, Höhlenburg: ab 10 erwachsene Personen Ostern bis Ende Okt. tgl. außer Mo 13.30 Uhr, 1.6. bis 30.9. zusätzlich 15 Uhr, Okt. nur Di Do Sa So 13.30 Uhr, Gruppen nach Vereinbarung ganzjährig (Tel. 08621/2501); nützlich: Taschenlampe. Trostberg, Heimatmuseum: April-Sept. Di Do 15-18 Uhr.

Am Parkplatz unweit des Klosters Seeon starten wir zu einem Radlausflug, den Sie ab Kloster Baumburg mit Hilfe der Alzfähre „ Mina" auf einen nicht alltäglichen Radlspaziergang reduzieren können. Zunächst nehmen wir über die Walburgiskapelle Kurs auf die Klosterkirche.

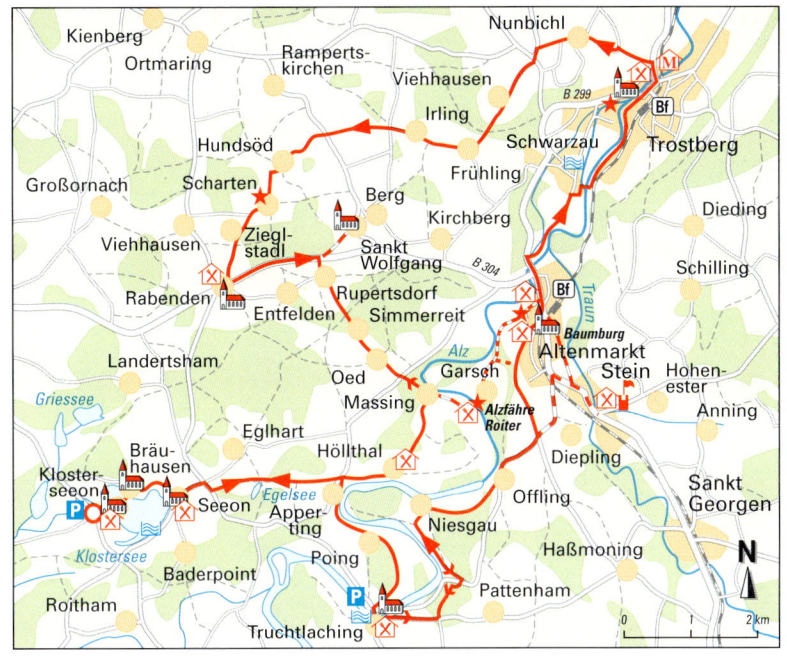

Walburgiskapelle und **Abteikirche** von Kloster Seeon siehe Seite 57.

Der Holzsteg links hinter dem betagten Gotteshaus hilft uns von der Klosterhalbinsel hinüber zum gotischen Kirchlein von Bräuhausen. Über die Weinbergstraße, parallel zum Nordufer des Klostersees, erreichen wir die Altenmarkter Straße (hier links!). Am Ortsende schlagen wir einen Haken nach rechts. So gelangen wir nach 150 m auf ein Feldsträßlein, das uns, vorbei am Eglsee, rasch in den stillen Alzgrund geleitet (50 m jenseits der Straßenkreuzung rechts!).

Info

Die **Alz**, der einzige Abfluß des Chiemsees, schlängelt sich zwischen Seebruck und Altenmarkt zunächst zwischen Endmoränen hindurch, dann verlegt sie ihre großzügigen Mäander in die Schotterebene. Ab Altenmarkt (Zusammenfluß von Traun und Alz) begann man schon sehr früh, die Wasserkraft dieses temperamentvollen Flüßchens mit dem idealen Gefälle zu nutzen.

Die nächste Etappe ist bestimmt durch einen leicht welligen Kurs, wobei wir zunächst sehr nahe am Puls der kräftigen Alzschlinge bleiben. Linker Hand versteckt sich hinter Laubwerk Poing.

Info

In **Poing** stand einst eine Wasserburg der Truchtlachinger, deren Hauptsitz und Hofmark im gleichnamigen Ort zu finden war. Nachdem die Alzgrund-Ritter ausgestorben waren, fiel der Besitz an das Kloster Baumburg. Im 16. Jh. hauste in dem Wasserschloß ein dichtender Baumburger Augustiner-Chorherr, Johann Albert Poyßl. Er, ein äußerst streitbarer Verseschmied, erregte sich ober der politischen Verhältnisse in „Teutschland" nach dem 30jährigen Krieg, aber auch über die Zustände im engeren Bereich, z. B. im Kloster Baumburg, über „junge, freche und geschleckige Menscher in der Kuchel". Der klösterliche Edle scheint wegen seiner Schelten keine persönlichen Nachteile erlitten zu haben; anders erging es dem Dichter Dr. Friedrich Reck-Malleczewen, der sich zur Zeit des Nationalsozialismus in die Einsamkeit des Gutshauses Poing geflüchtet hatte. Seine Kritik am „Kleineleutemachiavell" Hitler und an dem „momentan so erfolgreichen Land der Dämonen" bezahlte er mit seinem Leben (Gedenktafel an der Friedhofsmauer in Truchtlaching).

Unser Naturweg zieht nun in einem flacheren Bogen als die Alz Truchtlaching zu. Auf der geteerten Straße lenken wir Richtung Ortsmitte.

Info

Prähistoriker haben bei **Truchtlaching** eine Keltenschanze (ca. 100-15 v. Chr.) entdeckt. Zur Römerzeit bestimmten Landhäuser das Bild dieser malerischen Alzregion, ehe sich Bajuwaren hier niederließen. Die hiesigen Lehensritter (bekannte Turnier- und Schwertritter) des Mittelalters durften sich als Ministerialen sowohl von der herzoglichen Seite (westlich der Alz) als auch von der erzbischöflich-salzburgischen Seite (östlich der Alz) glücklich preisen. Kaiser Ludwig der Bayer übertrug ihnen 1347 die Erhebung des (Alz-) Brückenzolls. - Die wunderschöne gotische Kirche St.Johannes Baptist mit nur einem Seitenschiff ließen sich die Truchtlachinger Burgherren von Konrad Pürkhel bauen (zahlreiche Epitaphien!).

Hinter der Kirche schwenken wir nach rechts in die Pattenhamer Straße. Den folgenden kleinen Umweg haben wir bewußt gewählt wegen des starken Verkehrs auf der Chiemseestraße. Wir stoßen auf die Abzweigung nach Ebering, lenken hier ohne (!) Wegweiser nach links auf einen behaglichen Waldweg. Nach der Einmündung nach rechts in die besagte verkehrsreiche Straße bleiben wir hier für 200 m und flüchten dann Richtung Niesgau. Flott kommen wir auf dem geteerten Radlstrasserl voran.

Poing zeigt uns seine Alzseite. Bei den Bauerngehöften von Niesgau halten wir uns rechts, bleiben wiederum der Alz nah. Der Anstieg vor Offling testet vorsichtig unsere Kondition. Auf der breiten Autostraße, die wir in linker Richtung benutzen müssen, bleiben wir ab Ortsende von Offling nur etwa 700 m, setzen unsere Radltour nach links fort (gegenüber der Abzweigung nach Diepling!). Vor uns liegt, auf einem Bergrücken, das ehemalige Kloster Baumburg, links davon das ehemalige Sommerschlößchen des Propstes Toblhammer, eine Zeitlang auch von Poyßl bewohnt (siehe auch Poing).

Tip

Für diejenigen, die den Spuren Heinz des Wilden, der volkstümlichsten Figur unter den Chiemgauer Rittern, in **Stein an der Traun** folgen möchten, haben wir eine Variante erradelt: Zu seinem Gruselkabinett rollen wir, von Offling kommend, auf der Autostraße geradeaus weiter, verlassen diese hinter der Linkskurve nach rechts in die Grassacher Straße (Marienkapelle). Rasch erreichen wir jenen romantischen Ort mit dem berühmten Burgensemble, bestehend aus dem Hochschloß, der Raubritter-Felsenburg (Führungen!) und dem Neuen Schloß. Es gibt nichts Vergleichbares dieser Art im deutschsprachigen Raum.

Dann über Altenmarkt weiterfahrend, können wir, indem wir in den Alzweg einfädeln, an die Normaltour anbinden. Auf der Baumburger Straße sind's nur 500 m zum Rokokojuwel Baumburg!

Völlig leicht, das Sommerschlößchen passierend, gelangen wir zum Klosterareal.

Info

An der Stelle des ehemaligen Klosters **Baumburg** stand einst eine Burg der Sieghardinger Grafen, denen auch der Markt im Tal gehörte und die später, im Hinblick auf die Gründung eines neuen Marktes „Trosperch", ihn Altenmarkt nannten. 1111 wurde ein Augustiner-Chorherren-Stift gegründet und eine romanische Basilika St. Margarethe entstand. Der heutige Bau der Kirche, die Rokokoperle des Chiemgaus mit der malerischen Schaufront, stellt eine bewundernswerte Leistung des ursprünglichen Poliers und Trostberger Gerichtsmaurermeisters Franz Alois Mayr dar. Wie verzaubert stehen wir in dem lichtdurchfluteten Raum, zum Himmel hin offen, ein Sich-Verschmelzen von Irdischem und Überirdischem uns nahebringend. Von zartem Rocaillestuck (Bernhard Rauch, Wessobrunn) umwoben sind die prächtigen Deckenfresken des Prager Hofmalers Felix Anton Scheffler. Das Altarbild des grandios komponierten Hochaltars (Sonnenkönig Ludwig XIV. mit Gemahlin und dem über die hl. Margarethe erflehten neugeborenen Dauphin) steht stellvertretend für den Kinderwunsch des bayerischen Kurfürstenpaares Max III. Joseph und Maria Anna, welcher leider unerhört blieb. Heute dient die ehemalige Stiftskirche auch als Kulisse des „Musiksommers zwischen Inn und Salzach".

100 m bergabwärts, Richtung Altenmarkt, führt ein Sträßlein zur Buchenwald-Gedenkstätte. Der Buchenhain wurde im Jahre 1800 zum Massengrab für 2000 Soldaten, die nach der Schlacht bei Hohenlinden als Verwundete einer Typhusepidemie erlegen waren.

Tip

Abkürzung: Wer per Alzfähre die Tour abkürzen möchte, braucht nur den diesbezüglichen Wegweisern zu folgen. Bei Garsch kann er sich vom Frühjahr bis zum Herbst (bei normalem Wasserstand) täglich, außer dienstags, vom Wirt und Fährmann des Gasthauses Alzfähre übersetzen lassen.

Wir rollen auf der Baumburger Straße hinunter nach Altenmarkt, biegen nach links auf die B 304 ein, die wir nach gut 100 m, wiederum links, verlassen in den Alzweg, der in der Wasserburger Straße beim Gasthof zur Post endet.

Die Hofmark **Altenmarkt** war einst als Brückenort auch Zoll- und Handelsstation. Hammerschmieden, Mühlen und Pumpwerke siedelten sich an. Die Geschichte des behäbigen Gasthofs zur Post als Hofmarkstaferne läßt sich bis ins 14. Jh. zurückverfolgen (origineller Erker!).

Nun schwenken wir in Richtung Trostberg ein. In Höhe der Alzbrücke hüpfen die Wasser des Flusses über eine 3,5 m hohe Nagelfluhbank. Jenseits der Alz lenken wir auf den Radweg nach Trostberg. Auf dem Schotterstrasserl gelangen wir schon bald in unmittelbare Nähe der Traunmündung. Nach einer Waldpassage und durch landwirtschaftlich geprägtes Gelände strampeln wir auf Schwarzau zu.

Noch vor dem Anger knicken wir nach rechts in die Hochfellnstraße, fahren nach links in die Watzmannstraße. Hinter Haus Nr. 7 schwenken wir nach rechts hinunter zu Kanal und Alz, die wir beide überqueren, und dann sofort links bequem weiterradeln bis zur Alzbrücke, hinüber zur malerischen Altstadt von Trostberg.

Auf etwas unkonventionelle Weise werden wir in **Trostberg** begrüßt, vom verschmitzt lächelnden Ritter Hans von Pienzenau, einst Pfleger auf der hiesigen Burg, der sich im Jahre 1504 als Festungskommandant von Kufstein Kaiser Maximilian I. in dieser Haltung zeigte. Die Grafen von Ortenburg-Kraiburg, Nachfolger der Sieghardinger, errichteten über der Alz die Burg „Trosperch". Darunter entfaltete sich ein bedeutender Markt, dem später die Wittelsbacher als Grenzort zwischen dem Herzogtum Bayern und dem Erzstift Salzburg zu großer wirtschaftlicher und politischer Blüte verhalfen. Als die Grenze zur Salzach hin verlegt wurde, verblieb der Markt in einem toten Winkel (1816).

Der Bau der Eisenbahnlinie Traunstein - Trostberg und die Gründung der Stickstoffwerke verhalfen dann an der Wende zum 20. Jh. zu neuem Aufschwung. - Die „Trostberger Orgel" entpuppt sich als alzseitige Häuserzeile der Hauptstraße. Stolz ragt im historischen Stadtkern zwischen Vormarkt, dem ehemaligen baumburgischen „Hof zu Tal", dem Marienplatz und der Hauptstraße die gotische, aus Nagelfluh gebaute Pfarrkirche St. Andreas auf. - Das Heimatmuseum veranschaulicht in großartiger Weise hiesige Kultur aus früheren Epochen.

Über den Marienplatz und die Hauptstraße gelangen wir zum Heimatmuseum, vor dem wir nach links in den Pflegerweg einbiegen. Bergauf überwinden wir das Steilufer der Alz. Hinter dem Wald strampeln wir etwas keuchend hinauf nach Nunbichl, wo wir nach links einschwenken. Nach der Ortsdurchfahrt genießen wir eine Abfahrt. Bei der ersten Kreuzung schlagen wir nach links ein, über die zweite steuern wir in gerader Richtung (Wegweiser „Frühling"). Nach einer flotten Waldpassage lenken wir, rechts einschlagend, Frühling zu. In einem großzü-

Behäbig walzt sich die Alz an der uralten Siedlung Truchtlaching vorbei

gigen Bogen „umrunden" wir das schon von weitem sichtbare Kirchenhaus St. Wolfgang. Wir flitzen über Irling, Hasenbichl, Hundsöd (Hunds-
ed) nach Scharten.

In **Scharten** wird auch Sie das gut restaurierte Bundwerk (die Bauern sagen Kreuz-
bund dazu) an dem ehemaligen Bauerngehöft links der Straße begeistern; zum Wald
hin ist es besonders reich gestaltet! Bei jenem baugeschichtlichen und baukünst-
lerischen Phänomen hierzulande handelt es sich um eine Holzkonstruktion, ein Stän-
der- und Riegelgerippe mit Bretterverschalung, an Stadeln. Die Bretter hinter dem

Info

Holzschmuck können zur besseren Belüftung der Ernte entfernt werden. Zeiten des Wohlstands und üppiger Lebensfreude ließen die Zimmermannsleute, im Verein mit Schnitzern, Malern und Laubsäge-Meistern zu Künstlern an „hölzernen Bilderbüchern" werden.

Über Zieglstadl erreichen wir Rabenden.

In dem äußerlich unscheinbar wirkenden Jakobuskirchlein von **Rabenden** hat ein begnadeter Meister der Gotik mit seinem gekonnt geführten Schnitzmesser unsagbar Kostbares hinterlassen, das zu den besten Schöpfungen der spätgotischen Altarbaukunst aus dem Salzburger Kreis gehört. Wahrscheinlich lag auch Rabenden am Jakobusweg. Für den Hochaltar dieser Pilgerkirche schuf der Meister von Rabenden (seine Identität ist ungeklärt) einen Schrein mit dem Kirchenpatron St. Jakobus und dem Brüderpaar Simon und Judas Thaddäus. Auch der Schreinaltar mit der Figur des hl. Eustachius und die Sitzstatue des hl. Jakobus entstanden unter seinen Händen.

Nach diesem erquickenden Kunsterlebnis wenden wir uns wieder der Welt zu, doch nicht, ohne dem Wäldchen aus schönen schmiedeeisernen Grabkreuzen unsere Aufmerksamkeit geschenkt zu haben.

Für den nächsten Tourenabschnitt wählen wir zunächst den parallel zur B 304 verlaufenden Radweg in Richtung Altenmarkt.

In Höhe von Rupertsdorf bestünde die Möglichkeit, einen (sehr lohnenden) **Abstecher** hinüber nach St. Wolfgang mit seiner gleichnamigen mittelalterlichen Kirche zu machen. Einst lag dieses unverputzte gotische Gotteshaus mit dem steilen Schindeldach und der hübschen Turmbekrönung am Pilgerweg zur größten Wolfgangi-Wallfahrt im Salzkammergut. Auch im Inneren überwiegt, trotz Veränderungen in späterer Zeit, die Gotik. Der hl. Bischof von Regensburg habe, so die Legende, dem „Schlupfstein" vor dem Hochaltar besondere Heilungskräfte verliehen; das Vertrauen auf seine Hilfe könne bei dem Zeremoniell des Durchkriechens von Kreuzschmerzen befreien (Schlüssel beim Mesner nebenan).

Der Wegweiser „Rupertsdorf" lockt uns nach rechts. Wir passieren Simmerreit und Öd, überqueren vorsichtig die breite Autostraße vor uns und lassen uns vom talwärts führenden Sträßlein nach Massingmühle (Bundwerk!) hinunterbringen.

Ab Massingmühle sind es lohnende 800 m hinüber bis zum Roiter (Gasthaus Alzfähre).

Die nächste Etappe führt uns, rechtsdrehend, nach Höllthal. Wir radeln am Alzkanal entlang, treffen auf die Kreuzung, wo sich unser Rundkurs schließt. Zurück nach Seeon benutzen wir wieder das angenehme Feldsträßlein.

11

Kultur und Badevergnügen -
einst in Bedaium, heute in Seebruck

Auch diese Radltour von Kloster Seeon aus verläuft gemütlich, ist ge-koppelt mit reichem Angebot für Badespaß, kann nicht als Konditions-test betrachtet werden.

Toureninfos

 24 km.

 Abgesehen von ein paar kleineren, kaum nennenswerten, Anstie-gen eben; meist völlig abseits vom Verkehr verlaufend; sehr leicht zu bewältigen.

 Kloster Seeon, Parkplatz.

 Roitham, Gruber-Alm (Terr); Seebruck, Gasthof zur Post (Bg); Truchtlaching; Seeon, Zum Alten Wirt (Bg); Kloster Seeon, Klostergaststätte (Bg), Herzog-Stuben (Terr).

 Seebruck: Strandbad Chiemseepark, Hallenbad (Hotel Wasser-mann, öffentlich), Freibadeplätze; Freibad Truchtlaching (Alz); Seeon, Klostersee (Strandbad).

 Seebruck, Römermuseum „Bedaium": Di-Sa 10-12 und 15-17 Uhr, So 15-17 Uhr. Ising, Pferdemuseum: tgl. 16-17 Uhr.

Zum Zentrum von Seeon gelangen wir wie bei Tour 10 beschrieben. Wir schwenken dort kurz nach rechts und folgen nun, links abbiegend, dem Wegweiser „Baderpoint". Dabei passieren wir die Limnologische For-schungsstation, die sich um den Gewässerschutz bemüht. In Baderpoint vertrauen wir uns dem Wegpfeil „Roitham" an. Von der querenden Au-tostraße lassen wir uns nach links für 50 m aufnehmen, ehe wir nun der Werbetafel „Gruber-Alm" folgen. Noch unterhalb der begehrten Einkehr schwenkt unsere Route hinunter zur Ortsmitte von Roitham und weiter in Richtung „Fembach".

An der Gabelung im Wald folgen wir zunächst dem Hinweis „Grafenanger", bei der nächsten Entscheidungssituation, nach 100 m, wählen wir jedoch die linke Möglichkeit. Diese Waldpassage endet an einer Autostraße (hier rechts!). Nach 300 m lassen wir uns in die Richtung „Burgham" locken. Hinter dem Anstieg werden wir beschenkt mit einem wunderschönen Ausblick aufs Bayerische Meer mit seinen Inseln und dem Alpenwall. Wir rollen hinein nach Burgham.

Tip Ein Wanderwegweiser „Großes Latschenfeld" verführt uns zu einem **Rad-/Fußabstecher** zur Burghamer Filzen mit Beobachtungsplattform und Info-Pilz (1,5 km).

Angenehm und rasch erreichen wir die Seestraße. Jenseits des Parkplatzes schwenken wir in den Chiemsee-Uferrundweg ein. Völlig unproblematisch können wir in Seebruck in die Römerstraße einfädeln.

Seebruck siehe Seite 45.

Ising, das noble Dorf über dem Chiemsee

Um relativ unbehelligt das Seeufer wieder zu erreichen, benutzen wir hinter dem Alzübergang die Haushoferstraße, einen 50 m kurzen Radweg und eine Unterführung. In Arlaching haben wir nach einer verkehrsarmen Etappe hinüber nach Ising gesucht. Unsere Detektivarbeit trug Früchte, und mit etwas konzentrierter Aufmerksamkeit werden Sie uns unschwer folgen können: Dort, wo linker Hand eine längere Bretterwand einherläuft, der Schutz durch betagte Bäume endet, der Blick zum See freier wird, erreichen wir über einen kurzen Pfad nach links ein Sandsträßlein, auf das wir, wiederum links, einschwenken. Ein Bauernwegerl bringt uns zur vielbefahrenen Autostraße. Jenseits dieser Verkehrsader beginnt der Anstieg hinauf nach Ising.

Info

Im Kirchenführer der Wallfahrtskirche Mariä Himmelfahrt von **Ising** steht folgender schöne Satz: „... gehört dieses kleine Dorf zu den wenigen Orten in der Welt, an denen man nichts Häßliches findet." Das können wir nur unterstreichen. Begabte Lokalmeister waren es, die das spätgotische Kirchenhaus, Herberge für ein gotisches Marien-Gnadenbild, mit Rokokozier ausstatteten. - Aus dem einstigen Gut Ising wurde in jüngerer Zeit ein Pferdesportzentrum mit einem Reitstall und sogar einem Pferdemuseum („Rund ums Pferd, gestern und heute"). - Das Schloß im Stile eines englischen Landhauses, heute Landschulheim mit Gymnasium, und der betagte Gutsgasthof „Zum goldenen Pflug" mit betrachtenswertem Bundwerkstadel in seinem Umfeld machen das Ensemble komplett. - Über 200 italienische Arbeiter erzeugten einst in einer eigens installierten Ziegelei bei Gut Ising sechs Jahre lang Ziegel für das Versailles Ludwig II. auf der Herreninsel.

Leicht rollen wir bergab, kommen an Thauernhausen vorbei, folgen dem Wegweiser „Truchtlaching" hinunter zur Verbindungsstraße Seebruck - Truchtlaching, die wir auf einer Länge von 400 m (rechts!) benutzen müssen. Wir wechseln auf das bequeme Betonsträßlein Richtung „Stöffling", Truchtlaching anpeilend. 100 m vor der lauten Autostraße entscheiden wir uns für das Bauernwegerl, das parallel dazu der ländlichen Sommerfrische zueilt, radeln zum Ortskern.

Truchtlaching siehe Seite 60.

Nach einer gemütlichen geldbeutelschonenden Einkehr lassen wir uns von der Seeoner Straße über den Fluß bringen, knicken nach rechts auf den "Geh- und Radweg Hölltal", der uns in die Ruhe des Alzgrundes entführt.

Poing siehe Seite 60.

Zunächst strampeln wir ganz bequem, unterstützt von sanftem Gefälle, dann müssen wir, auf welligem Kurs, gelegentlich ein, zwei Gänge zurückschalten. Viel zu schnell kommt es zum Abschied: Die Alz krümmt sich in östliche Richtung, zudem wird sie geschröpft (ein Kanal speist das Kraftwerk in Hölltal), wir streben genau in die entgegengesetzte Richtung davon, nur nach links die Autostraße überquerend. Ab hier decken sich Finale und Start, wobei wir ab Kirchlein Bräuhausen, rechts drehend, noch eine Klostersee-Etappe anschließen können.

12

Wieder eine Tour für Wasserratten!

Eine wunderschöne Badetour ist dieser Radlausflug in den Westen Seeons geworden. Dankbar erinnern wir uns der Eiszeiten, die uns großzügig „Badwanndl" ganz unterschiedlicher Größe und Form hinterlassen haben.

Toureninfos

 29 km.

 Nur wenige Anstiege hemmen den flotten Fahrkurs. Die buntgefächerte Landschaft in dieser Region wird besonders durch das Wasser geprägt. Als „Schontour" einzustufen.

START Kloster Seeon, Parkplatz.

Großbergham, Landgasthof Griessee (Bg); Obing, Oberwirt (Bg); Pittenhart, Gasthof zum Augustiner (Bg); Bachham, Weißbräu/Fischspezialitäten (Terr); Eggstätt, Gasthof Unterwirt (Bg); Roitham, Gruber-Alm (Terr); Kloster Seeon, Herzog-Stuben (Terr), Klostergaststätte (Bg).

Griessee (Kiosk); Obinger See, Strandbad; Hartsee, Strandbad Eggstätt (Hartseestüberl); Seeon, Klostersee (Strandbad).

Niederbrunn, Hilgerhof: unangemeldete Einzelbesichtigungen 21.1.-30.4. Mi Sa 14-16 Uhr, 1.5.-15.10. Mi Do Sa 14-17 Uhr, 16.10-7.12. Mi Sa 14-16 Uhr; Gruppen und Vorträge nach tel. Vereinbarung (Tel. 08624/2172).

i Verkehrsämter: Obing, Tel. 08624/2234; Eggstätt, Tel. 08056/1500.

Wie bei Tour 10 radeln wir vom Parkplatz in Kloster Seeon zunächst zum Zentrum von Seeon. Von der Altenmarkter Straße zweigen wir ab zur Rabendener Straße. An der folgenden Straßengabelung schwenken wir nach links, in Schachen wiederum in die gleiche Richtung (Griesseestraße). Hinter dem Weiler strampeln wir auf einer sandgebundenen Straße am Waldrand entlang. Zu unserer Linken hocken drei breitspurige Gehöfte behäbig in der Wiesenlandschaft. In Höhe des dritten Hofes knicken wir in einem 90°-Winkel zu ihm hinüber.

In Landertsham erfreuen uns großzügig errichtete blitzsaubere Anwesen, deren Stadeln mit ansehnlichem Bundwerk geschmückt sind. Hinter dem Dörflein fahren wir gerade weiter, Richtung Griessee.

Info

Im behaglichen **Griessee** können Sie sommerliche Badefreuden genießen (Abstecher, ca. 200 m). Jener See ist eines der fünf Gewässer der Seeoner Eiszerfallslandschaft, die seit 1985 unter Naturschutz steht, doch nur hier und im Klostersee darf gebadet werden.

Nun heißt's, zunächst ein paar Gänge am Drahtroß zurückzuschalten. Anschließend rollen wir hinein nach Großbergham, durchqueren den Ort. 50 m hinter seinem Ende lenken wir nach rechts, nach weiteren 150 m nach links. Eine Weile folgen wir dem Weg an der Peripherie des Waldes. Wir queren die Autostraße, die uns vor die Radln läuft und erreichen rasch Obing, wo wir die Ortsmitte ansteuern.

Obing und **Obinger See** siehe Seite 39.

Wir streben, an der Kirche vorbei, in die Wasserburger Straße, dann nach links in die Bahnhofstraße. Hinter der Post schwenken wir wiederum nach links, verlassen Obing. Wir verschwinden im Lohholz, kommen bergab rasch voran. Wie bei Tour 6, Seite 39, passieren wir die Pestkapelle, erreichen bald Pittenhart.

Pittenhart siehe Seite 39.

In Höhe des „Augustiner" fädeln wir Richtung „Eggstätt" ein. Wieder in freier Natur, radeln wir südwärts mit Blickrichtung Priental („gerahmt" von Zeller Horn und Kampenwand). Über Fremdling hinweg weitet sich die Bergsicht bis hin zum Hochfelln. Wir fühlen uns prächtig, genießen in vollen Zügen die behagliche Atmosphäre. Hinter einem Waldabschnitt rollen wir Meisham entgegen, das wir nur am Rande berühren.

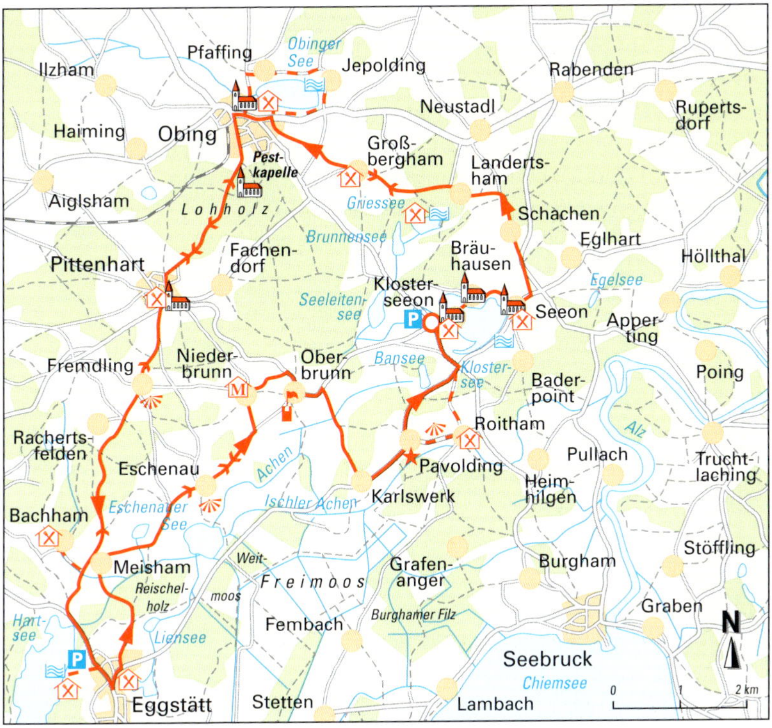

Tip Liebhaber von **Fischspezialitäten** sind eingeladen zum Weißbräu in Bachham (Entfernung etwa 500 m).

Unweit vom Nordufer des Hartsees schwenken wir hinüber nach Eggstätt.

Info **Eggstätt**, einst ein unscheinbares Torfbauerndorf, hat sich zu einem beachtenswerten Urlaubsort gemausert. Westlich der Siedlung präsentiert sich voll ruhiger Harmonie der Hartsee, ein kleines Oval aus der Gewässerkette Eggstätt-Hemhofer Seenplatte, die Inn- und Chiemseegletscher hinterlassen haben. Erholungssuchende fühlen sich hier, in diesem Paradies, pudelwohl.

Nur kurz folgen wir dem Wegweiser „Seeon", fädeln dann nach links (noch im Ort!) in die Reischelstraße ein. Unser Bauernsträßlein führt am Liensee vorbei. Hinter dem Reischelholz umgibt uns Schilfwald, ehe wir wieder in Meisham eintreffen. Wir lassen uns weiterhin von der Radwegmarkierung 25 leiten. Zu unserer Linken ruht der schilfumkränzte Laubensee, rechts unserer Route bilden die Alpenriesen den

71

Horizont hinter dem Eschenauer See, einem See des Weitmooses, an dem noch in den 60er Jahren seltene Vogelarten brüteten. Wir treten etwas kräftiger in die Pedale, hinauf nach Niederham, hinüber nach Eschenau, beglückt mit phantastischer Aussicht. Wie ein ausgeworfenes Seil liegt das Oberbrunn zueilende Teersträßlein vor uns. Wir verlassen es noch vor dem Dörferl, vor dem großen landwirtschaftlichen Gebäude, nach links, hinüber nach·Niederbrunn.

 Tosso Herz, ein 1975 verstorbener Münchner Kaufmann, hat im Jahre 1963 in **Niederbrunn** den verwahrlosten Hilgerhof erworben, wiederherstellen lassen und äußerst liebevoll ausgestattet. Über diese seine altbayrische Heimatpflege schrieb er ein lustiges, hübsch illustriertes, Büchlein „Der Hilger und sei Sach".

Rechtsschwenkend verlassen wir den Weiler. In Oberbrunn hat sich im Schloß ein hinduistisch geprägtes Meditationszentrum etabliert. Wir folgen zunächst der Wegtafel „Seeon"; ca. 100 m hinter dem Ortsschild radeln wir auf einem Strasserl hinüber nach Karlswerk, wo wir nun der Autostraße nach links, Pavolding zu, folgen.

 Von Bronzeskulpturen Prof. Heinrich Kirchners werden wir in **Pavolding** begrüßt. Dieser ehemalige Lehrer für Bildhauerei an der Münchner Kunstakademie lebte hier auf dem einstigen, 1606 erbauten, Fischerhof; er starb 1984.

Auf der für den Autoverkehr gesperrten Straße fahren wir ganz gerade aus dem Ort.

Von Pavolding aus könnten Sie über Roitham zur Gruber-Alm radeln, sich dort bei herrlicher Aussicht verwöhnen lassen, mit Hilfe der Kartenskizze an die Normaltour wieder anbinden.

Unsere Route spurt völlig eben dahin. Wir beneiden den Angler am Bansee um sein beschauliches Tun und gelangen über einen kleinen Anstieg zu dem Punkt, wo die „Variante Gruber-Alm" wieder einmündet. Wir halten uns links, ein Radweg nimmt uns auf. Gut erholt treffen wir am Parkplatz in Kloster Seeon ein.

MIT **STÖPPEL** UNTERWEGS

Radwandern im oberbayerischen Voralpenland
mit dem Stöppel - Freizeitführer 950
Radwandern Tegernsee-Schliersee ISBN 3-924012-81-4

Übersee-Feldwies, ein Eldorado nicht nur für Künstler

Die Siedlung Übersee gab's nachweislich bereits im 8. Jh., während die Feldwies (von den Einheimischen so genannt) erst Jahrhunderte später Zuzügler anlockte, die im Gegensatz zu den Pferdezucht und -handel treibenden Alteingesessenen eher „wasser- und gästeorientierte" Berufe ausübten (Fischer, Bootsleute, Wirte, etc.). Hier wurde übrigens exakt am 12. Mai 1845 das Zeitalter der Chiemseeschiffahrt eröffnet, als das erste Dampfschiff, ängstlich und kritisch beäugt, in See stach.

Heute ist der Doppelort ein äußerst beliebtes Urlaubsparadies. Dem Freizeitbedürftigen bietet sich ein gewaltiges Angebot an Möglichkeiten zu Wasser und zu Lande. Nördlich der Autobahn stoßen die Feldwieser Halbinsel und der Schwemmfächer der Tiroler Ache in den See (siehe auch Seite 42/44). Im **Naturpavillon** (Zellerpark) - Ausstellungen, Vorträge, Wanderungen, etc. - können wir unser Umweltbewußtsein schärfen lassen (Öffnungszeiten: Mai - Okt. Mi-So 13.30-17.30 Uhr, Tel. 08642/1551). Im Hauptort der Gemeinde, in Übersee, markiert der hohe spitze Turm von **St. Nikolaus** den Standort der Pfarrkirche. Dieses neugotische Gotteshaus (1904) weist beachtenswerte Wandmalereien von Waldemar Kolmsberger auf. In der Feldwies, Blumenweg 5, einem inzwischen 500 Jahre alten Bauernhaus (heute **Exter-Kunsthaus**), gründete Prof. Julius Exter (1863-1939), Mitglied der hiesigen traditionellen Künstlerkolonie, um die Wende zum 20. Jh. eine international beliebte Sommerakademie. Neben Werken des Professors sind wechselnde Kunstausstellungen zu sehen (tgl. außer Mo 17-19 Uhr).

Westerbuchberg, einst Insel im eiszeitlichen Chiemgaumeer, heute „aussichtsreiches" Siedlungsterritorium, gehört zum Gemeindegebiet Übersee. Das Kirchlein **St. Peter und Paul**, das zu den ältesten Gotteshäusern im Achental zählt, überrascht uns mit freigelegten Fresken, einem eindrucksvollen Kruzifixus am Hauptaltar und einer Kuriosität im Seitenschiff, einem gemalten Flügelaltar, die Vierzehn Nothelfer darstellend. Im Glaserhof werden in der "Galerie Westerbuchberg" Werke des Malers und Grafikers Franz S. Gebhardt-Westerbuchberg gezeigt (Mo-Fr 14-16 Uhr).

 Weitere touristische Informationen erhalten Sie beim Verkehrsverein Übersee-Feldwies e.V., Tel. 08642/295 oder 898950.

13

Bergen, vom Eisenwerkerdorf zum begehrten Urlaubsort

Obwohl die Chiemgauer Eisenverhüttung inzwischen erloschen ist, stoßen wir immer wieder auf ihre Spuren, so auch auf dieserTour.

 Toureninfos

km 40 km.

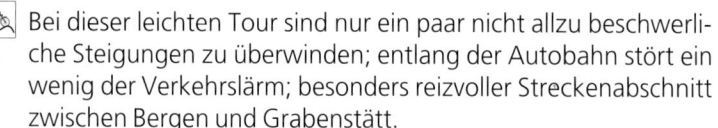 Bei dieser leichten Tour sind nur ein paar nicht allzu beschwerliche Steigungen zu überwinden; entlang der Autobahn stört ein wenig der Verkehrslärm; besonders reizvoller Streckenabschnitt zwischen Bergen und Grabenstätt.

START Übersee, Bahnhof.

Feldwieser Landzunge, Seewirtschaft (Terr), Strandkiosk; Gaststätte Hirschauer Bucht (Terr); Grabenstätt, Gasthof zur Post (Terr), Grabenstätter Hof (Bg); Strandbad-Gaststätte Tüttensee-Alm (Terr); Vachendorf, Gasthaus zur Post (Bg); Bergen; Berggasthof Kohlstatter Alm (Terr); Berggasthof Pattenberg (Terr); Klostergasthof Maria Eck (Terr); Übersee, Gasthof Hinterwirt (Terr).

Chiemsee, Freibadeplätze, Strandbad Feldwies; Tüttensee; Vachendorf, Schwimmbad; Bergen, beheiztes Freibad, Naturbad.

Grabenstätt, Römermuseum Multerer, Traunsteiner Straße 1: Sa 10-11 Uhr und nach Vereinbarung (Tel. 08661/242). Bergen,Maximilianshütte: Mai-Okt. Di 10 Uhr Führung, ab 10 Pers. auch nach Vereinbarung (Tel. 08662/8255).

i Verkehrsamt Grabenstätt, Tel. 08661/988731. Verkehrsamt Bergen, Tel. 08662/8321.

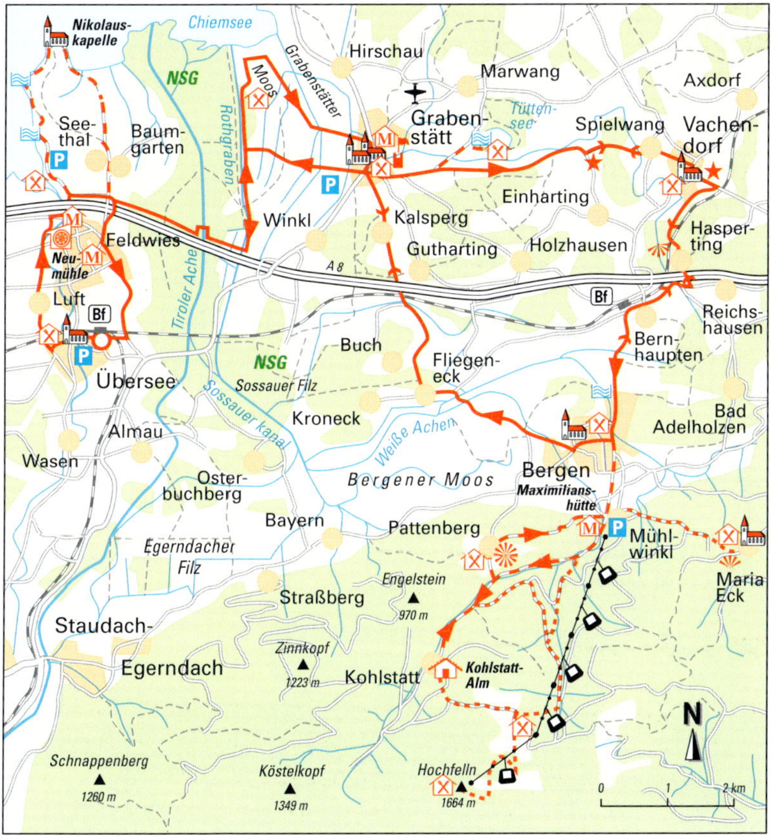

Diese eher gemütliche Radlexkursion beginnt am Bahnhof von Übersee. Über Bahnhofstraße, Dorfstraße (links), Gasthof Jobst (rechts), vorbei an der Kirche, folgen wir nun dem Wegweiser „Luft", schlüpfen unter der Autobahn durch, erreichen die Seestraße.

Tip

Wir sind hier dem Gestade sehr nahe. Das größte Strandbad des Chiemsees, ein 5 km langer Sandstrand mit Freibadeplätzen, ein kleiner Abstecher auf die Feldwieser Landzunge über die Julius-Exter-Promenade zur Nikolauskapelle, eventuell eine Überfahrt zu den großen Inseln des Sees von der Schiffsanlegestelle aus, dieses reichhaltige Angebot macht zwar vielleicht die Wahl zur Qual, dennoch könnte die eine oder andere Möglichkeit dieser reizenden Tour noch zusätzliche Glanzpunkte aufsetzen (siehe auch Seite 44).

Der Chiemsee-Rundweg-Beschilderung nach rechts folgend, werden wir bald über die überraschend kräftige wache Tiroler Ache und den Rothgraben geleitet, an dessen östlichem Ufer wir anschließend nordwärts ziehen und nun das Grabenstätter Moos durchradeln.

Info Das **Grabenstätter Moos** (Teil des Naturschutzgebiets „ Mündung der Tiroler Achen") stellt eine Besonderheit in Mitteleuropa dar. Dieses sensible wertvolle Flachmoor hält während der gesamten Vegetationsperiode zahlreiche Pflanzenperlen für uns bereit. Ein phantastisches Schauspiel vollzieht sich im Mai/Juni, wenn unzählige Blüten der Sibirischen Iris auf das Feuchtbiotop einen wunderschönen blauvioletten Teppich zaubern. Noch immer betrachten zahlreiche Vogelarten dieses Landschaftsjuwel als ihre Heimat. Für wie lange noch? Darüber entscheidet auch unser (Wohl-) Verhalten. Das Verkehrsamt Grabenstätt bietet geführte Wanderungen an.

Etwa 300 m hinter der Gaststätte Hirschauer Bucht folgen wir nach rechts der unscheinbaren Wegtafel „Grabenstätt", strampeln beschaulich durch die moorige Naturoase jenem Feriendorf zu, das vor rund 1000 Jahren noch am See lag. Wir steuern das Zentrum an.

Grabenstätt ist uralter Siedlungsboden. Skelettfunde bezeugen das Terrain um St. Maximilian als Begräbnisstätte in der Keltenzeit. Funde aus der römischen Siedlungszeit bewahrt das Römermuseum auf. Im 19. Jh. äscherten zwei Großbrände, 1834 und 1862, das Bauern- und Fischerdörflein ein mitsamt der Dorfkirche und dem Wasserschloß. Heinrich Noé, der wandernde Schriftsteller, sah diese Katastrophen als Chance für Verbesserungen, hatten die Menschen hier in ihren engen grauen hölzernen Hütten mit den ringförmigen Guckerln doch mehr gehaust denn gewohnt. - Das Innere der „neuen" Pfarrkirche St. Maximilian wurde in den 70er Jahren des 19. Jh.s in erster Linie vom Traunsteiner Historienmaler Max Fürst gestaltet. Mitte des 20. Jh.s trennte sich die Bevölkerung von dieser Art Dekoration. Eine erneute Renovierungsmaßnahme ließ die alte Bemalung, die etwas ungemein Mystisches an sich hat, wiedererstehen. Beeindruckend ist das theologische Beziehungsgeflecht. In der vom Brand verschont gebliebenen spätgotischen Johanniskirche sind Fresken freigelegt worden. - Zu Vogelperspektiv-Erlebnissen können Sie vom kleinen nordöstlich gelegenen Flugplatz aus starten (Mo-Fr jedoch tel. Anmeldung nötig, Tel. 08661/220).

Auf der Tüttenseestraße passieren wir das ehemalige Schloß (heute Haus des Gastes).

Ganz nahe liegt idyllisch der moorige **Tüttensee**, ein sehr warmer Badesee (Restauration vorhanden).

300 m hinter dem Ortsende von Mühlbach lenken wir von der Teerstraße nach links auf einen Feldweg, Richtung Vachendorf/Spielwang.

Am Waldrand, rechts, vernehmen wir ein monotones Schlagen: Der hydraulische **Widder** (Stoßheber) ist eine von dem Franzosen Michel-Joseph de Montgolfier, dem Miterfinder des Heißluftballons, im Jahre 1796 konstruierte Pumpe, die die Wasserkraft ausnutzt, um einen Teil der zufließenden Flüssigkeit weiterzubefördern. Das Geräusch wird durch den Druckstoß verursacht. Vor dem Bau zentraler Wasserversorgungsanlagen und der Elektrifizierung versorgten Widder vor allem Einödhöfe mit dem kostbaren Naß.

Nun geht's bergauf und durch ein Waldrevier. Nach einer rasanten Talfahrt und einer gemäßigten Bergetappe landen wir in Spielwang; über die Schulstraße erreichen wir Vachendorf.

Über Hauptstraße und Siegsdorfer Straße gelangen wir zur Abzweigung nach Hasperting. Hinter der Bahnunterquerung klettert unser Teersträßlein bergan bis zu jenem Dörflein, wo wir der Wegtafel „Adelholzen" folgen. Zwischen Hasperting und der Autobahnbrücke genießen wir den schönen Ausblick auf die Kalkriesen im Süden, hinunter zur Talsohle mit den eingestreuten Gehöften, auf die mächtig aufsteigenden Betonpfeiler.

Nach der Talfahrt, an der Straßeneinmündung, streben wir nach rechts Bernhaupten zu. Dort wechseln wir auf die talwärts führende breitere Autostraße. In Höhe der Abzweigung zum Bahnhof von Bergen folgen wir nach links dem Wegweiser „Fuß- und Radweg nach Bergen".

Vom Dorfplatz schwenken wir nach rechts in die Weißachener Straße. Schon bald folgen wir dem Wegweiser „Friedhof". Nach links schweifen unsere Blicke übers Naturschutzgebiet Bergener Moos, auf die Kuppeln Hochfelln und Hochgern, den Achental-Einschnitt, die westlich davon aufsteigende Hochplatte, der später die Höcker der Kampenwand und noch so manche Bergspitze sich zugesellen werden. Leuchtend gelb prangen in den Wiesen die Blütenkugeln der Trollblumen.

Unser Teersträßlein zieht windungsreich eben dahin. Wir verschwinden im Mischwald, atmen nichts als Ruhe und die lustvollen Vogelgesänge ein. Hie und da kommt es zu einer Begegnung mit einem Bauerngehöft. Nach dem Unterqueren von Eisenbahnstrecke und Autobahn folgt ein leichter Anstieg. Von Kalsperg aus (hier soll einst eine Burg der Otokare gethront haben) können wir die Radln nach Grabenstätt hinunterlaufen lassen. Vor der Kirche knicken wir nach links, kurz darauf ein zweites Mal (Richtung Grassau), nach 100 m schwenken wir in Richtung Chiemsee-Rundweg. Ab dem Rothgraben bis zum Hotel „Chiemsee-Klause" deckt sich nun die Rückfahrt mit der Hinfahrt. Dann aber geleitet uns eine Brücke über die Autobahn zur Feldwieser Straße.

 Tip Zwei Möglichkeiten eines Ergänzungsprogramms bieten sich hier in der Feldwies: Exter-Kunsthaus (Blumenweg über Greimelstraße) und Natur-Pavillon im Zellerpark (siehe auch Seite 44).

Wir schwenken nach links in die Moosnerstraße. Genußvoll lassen wir nochmals die Bergkulisse auf uns wirken. Hinter der Bahnüberführung finden wir, rechts einschlagend, leicht zurück zum Bahnhof.

Am moorigen Tüttensee ≫

14

Über die „Flanke" Westerbuchberg hinein ins zauberhafte Tal der Tiroler Ache

Diese Radwanderung haben wir in besonders guter Erinnerung. Abgesehen von den landschaftlichen und kunsthistorischen Höhepunkten, die so zahlreich den Weg säumen, gönnten wir uns einen Glanzpunkt besonderer Art: den Abstecher „Über den Schmugglerweg zur Entenlochklamm und zum Klobenstein/Tirol" (Ausweis!). Kindern muß dabei hohe Aufmerksamkeit gewidmet werden! Mit etwas Flexibilität ist diese Radtour auch ideal mit einer Bergwanderung oder dem Besuch des Streichenkirchleins zu kombinieren.

Toureninfos

 45 km.

 Hin- und Rückfahrt liegen eng beisammen - Tour ist daher beliebig abzukürzen. Relativ unbeschwerlich ist das Achental zu durchradeln. Der Anteil der nicht asphaltierten Wege ist hoch, deswegen kilometeranteilig etwas höherer Umsatz an Joules. Der kleine Trip auf dem Schmugglerweg ist überaus empfehlenswert (Ausweis!).

 Übersee, Bahnhof.

 Westerbuchberg; Niedernfels, Café-Restaurant Jägerwinkl (Terr); Schleching, Gasthof Post (Terr); Klobenstein/Tirol, Gasthaus Klobenstein (Terr); Berggasthof Streichen (Terr); Raiten; Unterwössen; Kiosk am Segelflugplatz von Unterwössen; Marquartstein; Übersee, Hinterwirt (Terr).

 Grassau, Reifinger Weiher (Kiosk); Zeller See, Badeanstalt; Unterwössen, Freibad Wössener See, Hallenbad; Marquartstein, Freibad.

🕐 Grassau, Modellbahn (auch Puppenstuben): 15.6.-15.10. Mi-Sa 10-17 Uhr und 4 Tage vor bis 5 (12) Tage nach Ostern (Pfingsten) von 10-17 Uhr, So geschlossen; Soleleitungsmuseum Brunnhaus-Klaushäusl und Moormuseum: Mai-Okt. Di-So 14-16 Uhr, Sa So Fei auch 10-12 Uhr, Gruppenführung (10-25 Pers.) nach Voranmeldung, Tel. 08641/400818. Niedernfels, Märchen-Erlebnispark: tgl. 9-18 Uhr. Schleching, Schlauchbootfahrten (Entenlochklamm): Sport Lukas, Tel. 08649/243.

ℹ️ Verkehrsamt Grassau, Tel. 08641/2340. Verkehrsamt Schleching, Tel. 08649/220.

Vom Bahnhof Übersee aus streben wir auf der Bahnhofstraße nach rechts der Dorf- bzw. Grassauer Straße zu. Vor dem Gasthof Jobst lassen wir uns vom Wegschild „Westerbuchberg" aus dem Dorf und anschließend auf die kleine Anhöhe vor uns locken.

Info
Der Moränenrücken **Westerbuchberg** und sein Nachbar, der **Osterbuchberg**, flankieren das Achental. Nach der Eiszeit ragten sie als Inseln aus dem zu damaliger Zeit etwa doppelt so großen Chiemsee. Die Mündung der Tiroler Ache lag etwa bei Marquartstein.

An der Weggabelung im Wald schwenken wir nach links. Noch ein kleiner Anstieg, das erste reizvolle Teilziel ist geschafft!

St. Peter und Paul von Westerbuchberg siehe Seite 73.

Wir sausen bergab. Vor dem Gasthaus „Zur schönen Aussicht" knicken wir nach rechts, Richtung „Sonnleiten". An der Straßengabelung uns links haltend, folgen wir nach etwa 200 m der Wegtafel „Grafing/Grassau". Ein wunderschönes, teils recht schmal werdendes, Wegerl führt uns am Rande der Kendlmühlfilzen südwärts.

Info
Hinter dem Begriff **„Kendlmühlfilzen"** versteckt sich der größte zusammenhängende Moorkomplex im ostoberbayerischen Alpenvorland (ca. 2500 ha!). Bis auf eine 50 ha kleine Kernzone Hochmoor (eines der gefährdetsten Bayerns!) ist durch Menschenhand maßlos viel zerstört worden. Die ursprünglich vorhandene Angst vor den Mooren war geschwunden und so hatte man begonnen, durch Entwässerungsmaßnahmen auch dieses Terrain zu nutzen, in Ackerland und Wiesen umzuwandeln. 1895 entstand in Bernau die erste bayerische Moorkulturstation.

In der Folge wurde großflächig gearbeitet, auch unter Einsatz von Strafgefangenen der Justizvollzugsanstalt Bernau. Mit Spezialbaggern wurde Brenntorf gewonnen und vom Torfbahnhof aus verladen. Noch in jüngerer Zeit sorgte eine Fräsmaschine für Torf als (fragwürdige) Zugabe zur Gartenerde, aufbereitet für die private grüne Idylle. So aber wurde dem noch intakten südlichen Moor das Wasser „abgegraben". Umfassendere Renaturierungsbemühungen sind im Gange. Siehe auch Seite 88.

Die Tourismusbranche hat das moderne Schlagwort „Sanfter Tourismus" geprägt. Das Ziel, die Harmonie zwischen Mensch und Natur, soll in der Weise erreicht werden, daß der Urlauber, sanft angeleitet, zu einem sorgsamen Umgang mit der von ihm favorisierten Region bewogen wird. Im Falle der Kendlmühlfilzen muß daher für uns Radler gelten: Die sensiblen Hochmoorpartien sind tabu! Als Wanderer, der die „Spielregeln" achtet, d. h., nur die ausgewiesenen Wege benutzt, wird Ihnen das Erlebnis der naturnahen Regionen jedoch nicht verwehrt. Geführte Moor- (aber auch Alm- und Berg-) Wanderungen werden vom Verkehrsamt Grassau angeboten.

Unsere Tour führt aus dem Moorrevier hinaus zu den löwenzahndurchwirkten grünen Matten, hinüber nach Grassau. Dort stoßen wir auf den Kirchplatz.

Der Name **Grassau** (Gras-Au) trifft die Lage dieses Ortes genau: eine freie Position zwischen den Höhen und den Auen der Tiroler Ache. Die Siedlung war einst bedeutendster Ort des herzoglichen bzw. kurfürstlichen Pfleggerichts Marquartstein. Zur politischen Vorzugsstellung lief stets parallel auch die geistliche. Die Pfarrkirche Mariä Himmelfahrt war Mutterkirche für alle anderen Gotteshäuser im Achental und wurde daher entsprechend „ausstaffiert": Von einem barocken volkstümlichen Prozessionsfresko unter der tief hängenden Empore werden wir empfangen. Aus dem Dunkel tretend, entfaltet sich vor uns ein ungemein festlich gewandeter Kirchenraum, dekoriert mit großartigen Werken mehrerer Stilarten. Bedeutende Künstler haben Spuren in dieser Kirche hinterlassen.- Traditionelles Brauchtum dokumentieren der Georgimarkt (Warenmarkt, letzter Aprilsonntag), der Michaelimarkt (althergebrachter Vieh- und Warenmarkt, letzter Septembersamstag) und der Leonhardi-Ritt (letzter Oktobersonntag). - Die Modellbahn (Landschaftsanlage, Dioramen) steht im Mittelpunkt einer Ausstellung im Gewerbepark. - Das Soleleitungsmuseum „Brunnhaus-Klaushäusl" liegt an der Verbindungsstraße Grassau-Rottau (Radweg!). Hier, in dieser historischen Brunnenhausanlage von 1809, werden Sie anschaulich informiert über den wirtschafts- und technikgeschichtlichen Zusammenhang der Soleleitung und das Funktionsprinzip ihrer Pumpstationen. Zudem befindet sich hier die kleine Moorausstellung „Natur und Kultur der bayerischen Voralpenmoore". Herrlicher Blick über das Naturschutzgebiet „ Kendlmühlfilzen" von der Hochreserve des Klaushäusl aus!

Moorlehrpfad siehe Kartenskizze und Seite 90.

Wir radeln, an der Kirche vorbei, in westliche Richtung, folgen hinter dem VW-Betrieb nach links dem Radwegzeichen „Achental". Dieses Emblem geleitet uns nun durchs ganze Tal und auch wieder zurück bis in Höhe von Übersee. Unterhalb der Zeppelinhöhe (dort Denkmal für den

Pionier der deutschen Luftschiffahrt) strampelnd, erreichen wir rasch Piesenhausen.

Info

Im benachbarten **Niedernfels**, auch Sitz eines Schlosses, startet eine Doppelsesselbahn in Richtung Aussichtswarte Hochplatte (1587 m); sie erspart dem Bergwanderer 450 Höhenmeter Aufstieg. Der Märchen-Erlebnispark wartet sogar mit einer Sommerrodelbahn auf.

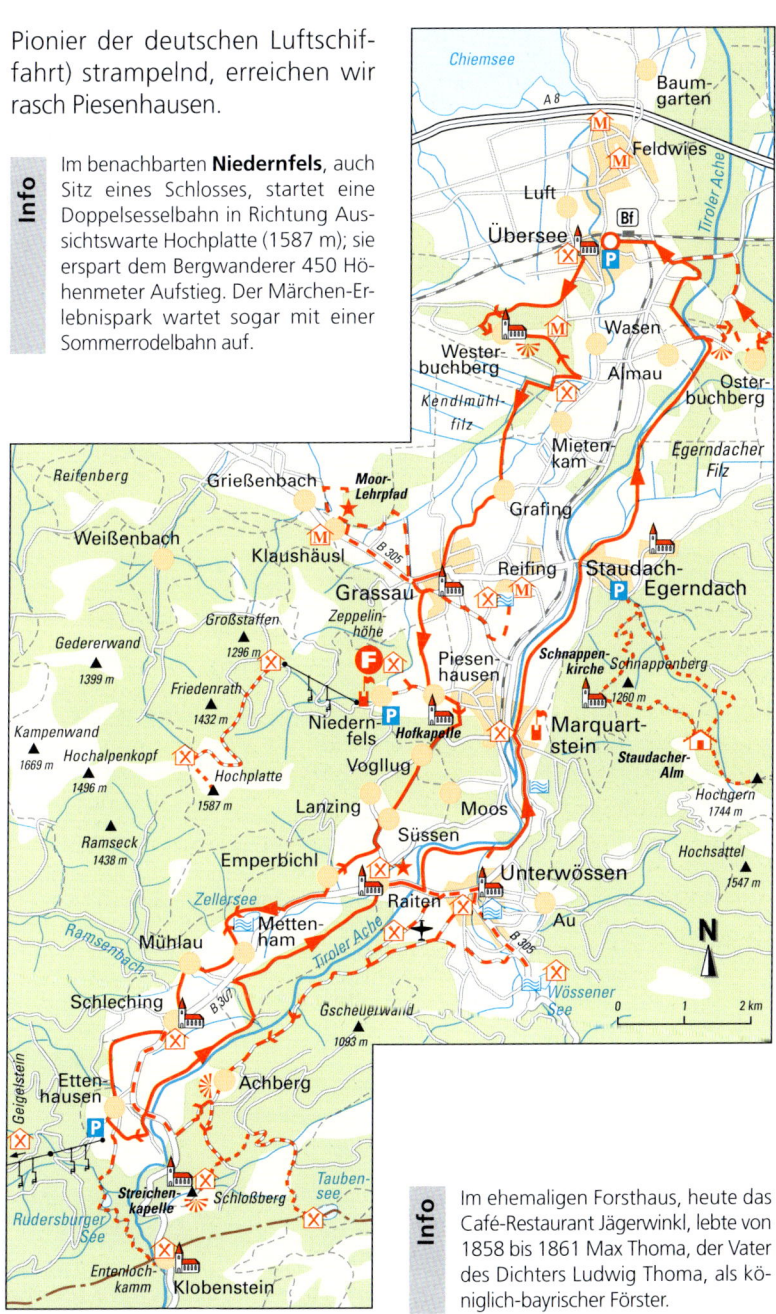

Info

Im ehemaligen Forsthaus, heute das Café-Restaurant Jägerwinkl, lebte von 1858 bis 1861 Max Thoma, der Vater des Dichters Ludwig Thoma, als königlich-bayrischer Förster.

In Vogllug endet die kurze Asphaltetappe, die dem Schotterweg über die Hofkapelle gefolgt war; wir tauchen in Naturschutzgebiet ein.

Lanzinger Moos und Süssener Moos sind, wie auch die Mettenhamer Filzen und der Zeller See, äußerst reizvolle Überbleibsel eines in der Nacheiszeit vorhandenen langen Sees, für den der Chiemseegletscher und ein Bergsturz bei Marquartstein die Bedingungen geschaffen hatten.

Im Anschluß an die Mooretappe folgt ein kleines Stück Asphaltstraße, dann bewegen wir uns auf der Emperbichlstraße. Ehe wir zum Zeller See einschwenken, müssen wir (leider!) die B 307 für 700 m ertragen. Über Mettenham und Mühlau rollen wir schließlich hinein nach Schleching.

In **Schleching**, einem gemütlichen Luftkurort, in eine Mulde eingebettet, vom Süden her bewacht vom Wilden Kaiser, begeben wir uns auf Entdeckungsreise in die vornehme Frührokokokirche St. Remigius. Abraham Miller, Erbauer der berühmten Kirche von Berbling, schuf einen feingegliederten Wandpfeilerraum. Die Visionen eines Mystikers aus dem 15. Jh. hat ein Maler im Jahre 1802 in einem Gemälde festgehalten - fürwahr Beklemmendes! Der Friedhof ist mit wunderschön geschmiedeten Grabkreuzen besetzt.

Ein Erlebnis besonderer Art könnte eine Schlauchbootfahrt durch die Entenlochklamm der Tiroler Ache werden. Für Eilige: An der Kirche vorbei führt der kürzere Weg nach Ettenhausen, wo das weltcuperfahrene Ski-As Traudl Hächer daheim ist.

Der ausgeschilderte (Um-) Weg schwingt großzügig nach Ettenhausen hinüber, klingt wegen seiner faszinierenden Aussicht noch heute in uns nach.

In **Ettenhausen** können sich nun sportliche Naturen durchaus der Geigelstein-Doppelsesselbahn hinauf zur Wuhrsteinalm anvertrauen, die ihnen die Bergwanderung auf 2 ° Stunden verkürzt. Der Geigelstein, „Blumenberg des Chiemgaus", steht seit 1991 unter Naturschutz.

Als kleine Extratour wärmstens zu empfehlen: von Ettenhausen aus zur Entenlochklamm, wo sich die Tiroler Ache wild schäumend durch ein sehr enges Tor Zutritt zu bayerischem Boden verschafft und zum Klobenstein/Tirol. Auf dem Schmugglerweg (ca. 3,5 km per Rad; dazu ca. 25 Min. zu Fuß) radeln wir nun mit zwangsläufig etwas gemischten Gefühlen in südlichere Gefilde. Bald hilft uns das Schild „Hängebrücke" weiter. Dort, wo die Stufen beginnen, bei einer Hütte, lassen wir unsere Drahtesel ein wenig rasten, begeben uns zur Grenze (ca. 200 m entfernt), riskieren so manchen vorsichtigen Blick hinunter in den gewaltigen Canyon, hinüber zum scheinbar an den Berghang geklebten Kirchlein und streben der tief unten über die Ache führenden Hängebrücke zu. Die Entenlochklamm ist äußerst beliebt bei Kajakfahrern! Die Geschichte der so anmutig daliegenden Wallfahrtsstätte Klobenstein (beim „geklobenen" = gespaltenen Stein) können wir auf einer Tafel in der Kirche nachlesen. Ein gemütliches Wirtshaus wartet auf uns. Auf der Rückfahrt nach Ettenhausen wäre im unteren Abschnitt ein kleiner Umweg zum Rudersburger See durchaus lohnend.

Der Achental-Radweg führt uns in einer stimmungsvollen südlichen Schleife durch eine Unterführung der B 307 zum Dammweg an der Tiroler Ache.

Tip Jenseits der Tiroler Ache könnten Sie zum 814 m hoch gelegenen gotischen **Streichenkirchlein** hinaufpilgern. Dieses spätgotische Kleinod des Chiemgaus liegt malerisch plaziert vor der Kulisse des Wilden Kaisers (Schlüssel im Berggasthof). Nicht allzu weit ist's von hier aus zu Fuß zum idyllischen Taubensee (Ausweis!). - Für die Besucher des Streichen empfehlen wir die Weiterfahrt nach Unterwössen über den Achberg (siehe Kartenskizze!) zu gestalten (genußvolle Strecke hoch über der Tiroler Achen; starkes Gefälle hinter Achberg; Achtung: für kleinere Kinder und Ungeübte nicht geeignet).

Die reizvollen Auen, Kampenwand mit Hochplatte (links) und der Hochgern (rechts) ziehen uns in ihren Bann. Nach einem Knick führt uns ein Waldweg sicher weiter, vorbei an der Furche des Latschenhochmoors „Mettenhamer Filz".

Info Unsere Liebe Frau zu den Sieben Linden von **Raiten** steht an der Stelle einer ursprünglich vorhandenen Ministerialenburg. Reste davon sind im Langhaus vorhanden. Über dem Gnadenbild im Hochaltar findet sich im Auszug die Nebenpatronin, Gertrud von Nivelles, mit einem Mäuslein; sie ist legendäre Fürsprecherin bei Ratten- und Mäuseplagen. Am Christi-Himmelfahrtstag ist Raiten Ziel einer Trachtler-Wallfahrt rein religiöser Prägung, die von Unterwössen ausgeht. - Die Hammerschmiede aus dem Jahre 1697, ein kulturgeschichtlich wertvolles Baudenkmal, kann nach telefonischer Vereinbarung (08641/7842) besichtigt werden.

Wir werden nach Unterwössen geleitet.

Info **Unterwössen** ist weit bekannt durch seine „Deutsche Alpensegelflugschule e. V." (DASSU). Bei geeignetem Wetter können Sie täglich ab 13 Uhr vom Flugplatzgelände aus zu einem Rundflug starten. Eine Umrundung kann äußerst reizvoll sein (siehe Kartenskizze). Auch die Süddeutsche Gleitschirmschule hat hier ihren Sitz. - Badefreuden verheißt der Wössener See. - Die barocke Pfarrkirche St. Martin besitzt im alten Teil des Gotteshauses beachtenswerte Fresken von Ignaz Baldauf und Altäre aus der Erbauungszeit um 1783.

Hinter der Kirche lotst uns der Achenauweg wieder zum Achendamm zurück. Wer Unterwössen bereits kennt, braucht hinter der Achenbrücke nur nach links auf den Dammweg zu schwenken. Vor Marquartstein tauchen wir unter der uns bedrängenden Autostraße durch, folgen dann dem Wegweiser „Alt-Marquartstein".

Marquartstein mit seiner Burg (erbaut auf dem Kogel von Graf Marquart II. im Jahre 1075, in spätgotischer Gestalt erhalten) liegt am Engpaß zwischen einzelnen Tälern, ist sozusagen Verkehrsknotenpunkt. Die Burg und damit auch das Dorf erlebten eine äußerst wechselhafte Geschichte. - Richard Strauß verbrachte immer wieder im Landhaus seines Schwiegervaters (Villa de Ahna in der Burgstraße) seine Ferien und schuf dabei so manche seiner musikalischen Werke. Marquartstein zählt zu den ältesten Sommerfrischen des Chiemgaus. - Eines der letzten Gefechte im 2. Weltkrieg fand im Mai 1945 hier statt.

In der Freiweidacher Straße fädeln wir in den rechten Achendammweg ein, der uns ungestört nach Staudach bringt.

 Das Gasthaus zur Mauth in **Staudach** ist eine historische Tafernwirtschaft unweit der schon im 12. Jh. erwähnten Achenbrücke. Die Pfarrkirche St. Andreas, beachtenswert wegen der schönen Skulpturen, steht in Egerndach, dem anderen Teil des Doppeldorfes.

 Über steiler Höhe thront einsam das **Schnappenkirchlein** (von Staudach in 1 ° Stunden zu erreichen - herrlicher Ausblick). Außerdem kann der Bergwanderer von hier aus auch über die Staudacher Alm den Hochgern (1744 m) besteigen.

Unser Achental-Radweg wird nur kurz unterbrochen von der Verbindungsstraße Grassau-Staudach. Wir werden in einem großen Bogen wieder zur Tiroler Ache geleitet und bleiben ihr, nun gemütlich dahinradelnd, treu. Wenn die Achenbrücke auftaucht, heißt das für uns, daß wir das Ufer wechseln müssen.

Den **Osterbuchberg** von hier aus noch zu erklimmen, bedeutet nicht nur ein zusätzliches Wadltraining, sondern vor allem auch ... (siehe Seite 81/90!).

Nach einer nur noch kurzen Flußetappe streben wir, Obermoosen passierend, nach links dem Bahnhof von Übersee zu.

MIT STÖPPEL UNTERWEGS

Radwandern auf einem 876 km langen Fernradweg mit dem Stöppel - Freizeitführer 970

Die Donau (von der Quelle bis nach Wien)

ISBN 3-89306-070-7

15

Auf den Spuren historischer Torf- und Salzindustrie

Salz ist lebensnotwendiger Bestandteil unserer Nahrung, aber auch unentbehrlich als Grundstoff für industrielle Produkte. Im Altertum und im Mittelalter war es besonders kostbar. Für Bayern floß in Bad Reichenhall ergiebig Sole, die im Laufe der Zeit aber wegen des zunehmenden Holzmangels an anderen Stätten versotten werden mußte, wo zur Feuerung dann auch zum Teil Torf eingestzt wurde. Bei diesem Radausflug spüren wir beachtenswerten Denkmälern am Rande der "Salz-Pipeline" nach Rosenheim (1810-1958 in Betrieb) nach. Wir bewegen uns dabei auch in den Verlandungszonen des Ur-Chiemsees, wo in der Vergangenheit nicht nur großflächig Brenntorf, sondern auch im Fräsverfahren bis 1988 Gartentorf gewonnen wurde.

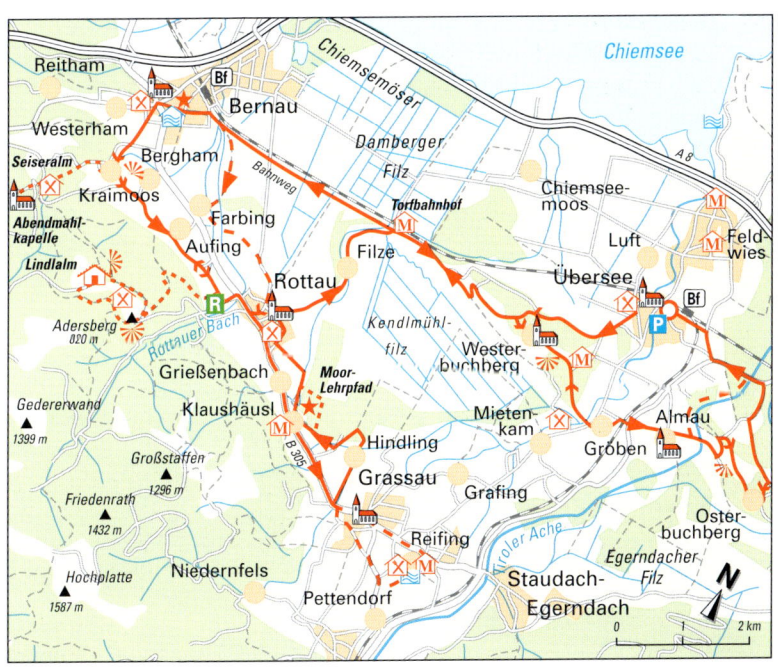

Toureninfos

km 38 km.

Der Verlauf dieses „Achterkurses" ist nicht allzu beschwerlich, wenn wir vom Anstieg des Salinenwegs hinter Bernau und dem „Höhenflug" auf den Osterbuchberg absehen (für beides gibt es flache Alternativen). Fast die gesamte Tour ist autoverkehrsfrei.

START Übersee, Bahnhof.

Bernau, Gasthof zum Alten Wirt (Bg); Seiserhöfe (Terr); Berggasthof Adersberg (Terr); Rottau; Westerbuchberg; Übersee, Hinterwirt (Terr).

Bernau, Hallen-Sportbad; Grassau, Reifinger Weiher/Kiosk.

Museum Torfbahnhof: Führung April-Okt. Sa 14 und 15.30 Uhr; Grassau, Soleleitungsmuseum Brunnhaus-Klaushäusl: Mai-Okt. Di-So 14-16 Uhr, Sa So Fei auch 10-12 Uhr, Gruppenführung (10-25 Pers.) nach Voranmeldung, Tel. 08641/400818; Modellbahn: 15.6.-15.10. Mi-Sa 10-17 Uhr und 4 Tage vor bis 5 (12) Tage nach Ostern (Pfingsten) von 10-17 Uhr, So geschlossen.

Die erste Etappe, Bahnhof Übersee-Westerbuchberg, deckt sich mit dem Start von Tour 14. An der Gabelung im Wald halten wir uns diesmal allerdings nach rechts und erreichen, am Rande der Kendlmühlfilzen strampelnd, schon bald den ehemaligen Torfbahnhof.

Info

Hier, in Nachbarschaft zu den heute unter Naturschutz stehenden Kendlmühlfilzen, dem einstigen Abbaugebiet, und zur Bahnlinie München-Salzburg, träumt die ehemalige Torfstreufabrik und -verladestation , der **Torfbahnhof Rottau** von 1920, als Technikmuseum still vor sich hin. Samstags jedoch kehrt wieder Leben ein in das mehrstöckige verwitterte Industriedenkmal mit seiner ursprünglichen maschinellen Einrichtung, wenn Besucher sich, dank der Bemühungen des „Vereins für Industrie- und Technikgeschichte", für Moorkunde, Torfwirtschaft und Feldbahnen interessieren. Besondere Aufmerksamkeit erwecken stets die alte hölzerne Torfpresse (einzigartig in Europa) und das Bockerl auf der Feldbahn-Gleisanlage. Bei der angebotenen Rollwaglfahrt darf auch bei den Erwachsenen das (versteckte) Kinderherz jauchzen. Siehe auch Seite 81.

Über den reizvollen Bahnweg gelangen wir zum Ortsrand von Bernau.

Tip Wer's auf der nächsten Etappe, Bernau-Rottau, recht gemütlich wünscht, kann nun den idyllischen Farbinger Waldweg benutzen. Diese **Alternative** quert beim Farbinger Hof eine Brücke, spurt kurz am Bach entlang, überwindet die zweite Brücke und benutzt dann den mittleren der drei möglichen Wege (mündet kurz vor Rottau in eine Teerstraße).

Die Normalroute erfordert etwas mehr Einsatz an Energie, belohnt aber auch fürstlich mit phantastischer Sicht auf den Chiemsee und seine Inseln und das moorige Terrain, das seinem Südufer vorgelagert ist. Die Straße Am Anger und die Sommerlandstraße lotsen uns zur Ortsmitte von Bernau.

Bernau siehe Seite 48.

Beim Alten Wirt streben wir gerade über die Kreuzung, biegen nach links in den Mitterweg ab. Unschwer ist es, Richtung Salinenweg einzufädeln. Zunächst heißt es, ein wenig kräftiger die Pedale zu bewegen.

Tip Vor Kraimoos führt ein etwas steiler Weg zur **Seiser Alm**. Wer sich dieses schöne Fleckerl Erde lieber zu Fuß verdienen möchte, dem empfehlen wir den zwanzigminütigen Fußweg über die Salinentreppe (kurz vor jenem Weiler nach rechts!). Von der Aussichtsterrasse Seiser Alm aus bieten sich für unternehmungslustige Radler/Wanderer weitere wunderschöne Möglichkeiten, die diesem Radlausflug einen durchaus sportlichen Charakter verleihen können (siehe Seite 48).

Info **Kraimoos** (kurzer geschichtlicher Abriß auf der Ortstafel!) mit seinem verträumten Charme sollten Sie nicht zu rasch durchqueren. Es gibt Reizvolles zu entdecken und - vom Wasserbehälter aus (= ehemaliger Solehochbehälter vom Brunnhaus Bergham) ist die Aussicht grandios!

Ohne allzu große Anstrengung und beglückt durch genußvolle Ausblicke radeln wir nun auf unserem Höhenweg, am langgezogenen Reifenberg entlang, Rottau entgegen.

Tip Beim Rastplatz mit dem Rundumbankerl böte sich Gelegenheit, zum Berggasthof Adersberg, einer beliebten Einkehr unter der Gedererwand, zu wandern. Von dort aus noch die Lindlalm (phantastischer Blick auf den Chiemsee!) anzusteuern, wird zum Genuß ohne Reue. Wer will, kann natürlich auch noch den Höhenrundweg komplett machen (insgesamt ca. 2 Std.).

Info **Rottau** ist fürwahr ein behaglicher Erholungsort, der unsere Augen überreich mit blumengezierten Altanen seiner sich an die Michaeliskirche schmiegenden Höfe verwöhnt.

Auf einem Radweg flitzen wir in Richtung Grassau weiter.

Soleleitungsmuseum Brunnhaus-Klaushäusl siehe Seite 82.

Vor uns baut sich mehr und mehr der prächtige Markt Grassau, ein bedeutsamer kultureller Achental-Ort, auf.

Grassau siehe Seite 82.

Am Ortsrand schwenken wir hinüber zur Hindlinger Straße, von wo aus wir schon bald auf dem Achental-Radweg den Moorlehrpfad erreichen.

Info

Der **Moor-Naturlehrpfad** Rottau-Grassau am Rande der Kendlmühlfilzen vermittelt mit Hilfe von 50 Tafeln Einblick in die Entstehungsgeschichte des Moors und seine Flora und Fauna.

Von Rottau aus lassen wir uns auf einem ruhigen Sträßlein zu dem uns schon bekannten Torfbahnhof dirigieren, wo wir dann nach rechts in Richtung „Westerbuchberg" zielen. Auf jener Moräneninsel wenden wir uns an der vertrauten Gabelung im Wald nach rechts der gleichnamigen Siedlung zu.

Westerbuchberg siehe Seite 73/81.

Am talbödigen Ende des Höhenrückens schlagen wir nach rechts ein und wechseln hinüber nach Gröben. Hinter dieser Siedlung lenken wir wiederum nach rechts, queren erneut vorsichtig eine vielbefahrene Verkehrsader und folgen der Wegtafel "Almau" (Leonhardikapelle!). Jenseits der Tiroler Ache setzen wir in Richtung „Schauerlebnis Osterbuchberg" an.

Tip

Abkürzung: Wer sich diese Anstrengung nicht mehr zutraut, kann, vor der Brücke den Achental-Radweg-Schildern folgend, direkt zum Ausgangsort zurückkehren.

In einer weiten Schleife klettert unser Sträßlein hinauf zum westlichen Bereich der einstigen Insel (der höchste Punkt des langgezogenen Rükkens liegt im Osten, 598 m). Still und wie verklärt hocken die Höfe auf dieser Aussichtsplattform, die uns Tourenradlern einen unvergeßlichen Augenschmaus ermöglicht. Wir rollen wieder talwärts, schwenken einmal nach links, anschließend nach rechts ein, müssen kurz der lauten Autostraße nach links über die Tiroler Achen Folge leisten, wo uns dann jedoch ein Radweg aufnimmt. Zum Bahnhof in Übersee ist's nun nicht mehr weit.

Rottau, malerisch plaziert >
vor der Gedererwand

Traunstein - älteste Stadtperle im Chiemgau

Die Anfänge der traditionsreichen alpennahen Stadt (heute Große Kreisstadt) sind urkundlich erstmalig zu Beginn des 12. Jh.s dokumentiert. Die Stammburg der salzburgischen Edlen „de Truna" über der Traun entsteht. 1275 ändern sich die Besitzverhältnisse für den Traungau samt Traunstein.

Unter den Wittelsbachern entwickelt sich die Salzstadt im Herzogtum Bayern zu voller Blüte, zumal ab 1346 als Umschlagplatz für das „Weiße Gold" nun an der „Güldenen Salzstraße" gelegen. Eine wirtschaftliche Flaute Ende des 16. Jh.s wird vom Salzmäzen Herzog Maximilian I. aufgefangen, indem er den Bau einer Soleleitung von Reichenhall nach Traunstein durch seinen Hofbaumeister Hans Reiffenstuel und dessen Sohn Simon veranlaßt, dazu das Salinenviertel Au errichtet. Rund 300 Jahre wird nun in Sudpfannen Siedesalz erzeugt, bis zu 200 000 Zentner Salz jährlich in „Krötln" (Fässer, ca. 300 kg schwer) gefüllt. Noch heute erinnert das **Denkmalensemble** der alten Salinen-Hofmark (Teile der Betriebsgebäude, die originelle Salinenkapelle St. Rupert und Maximilian, ehemalige Wohnstöcke der Saliner, etc.) an die Salzzeit.

Über die Salzmaierstiege gelangen wir ins Zentrum jener Stadt, die durch drei verheerende Feuersbrünste in ihrer Geschichte schwer zu leiden hatte. Den **Stadtplatz** - ein typischer altbayerischer Straßenplatz - beherrscht die mächtige **St.-Oswald-Kirche**. Sie wurde nach dem Brand von 1851 nach den Plänen von Caspar Zuccalli wieder aufgebaut. Die geharnischte Säulenstatue des „Lindl" vom Lindlbrunnen ist stets auch zugegen beim historischen Schwertertanz am Ostermontag (am selben Tag findet der traditionelle Georgiritt von Traunstein zum Ettendorfer Kircherl statt). Im Gebäudeensemble **Heimathaus** Traunstein, bestehend aus einem der ältesten Gasthäuser und dem benachbarten Brothausturm (Teil der spätgotischen Stadtbefestigung) wird Lokalgeschichte vermittelt: von der Vor- und Frühgeschichte der Region bis hin zur neuzeitlichen Stadtgeschichte.

Beispiele von Gasthaus- und Wohnkultur, eine Salinenabteilung und eine für sakrale Kunst ergänzen die Sammlungen; (bestimmt nicht nur) für Kinder wird die Krönung das Spielzeugmuseum sein. Öffnungszeiten, mit Führung: Mai-Okt. tgl. außer Mo 10-15 Uhr, Sonderführungen nach Voranmeldung (Tel. 0861/164786).

Ludwig Thoma, der einige Jahre als Rechtspraktikant in Traunstein wirkte, sieht in seinen „Erinnerungen" die Bewohner dieses Landstädtchens sich vorrangig ums bloße Essen und Trinken sorgend...

 Weitere touristische Informationen erhalten Sie beim Städtischen Verkehrsamt Traunstein, Tel. 0861/65273.

16

Auf bequeme Weise mitten hinein ins Hochgebirge

Toureninfos

 42 km. - Ruhpolding - Reit i. W. - Röthelmoos - Ruhpolding: 47 km.

 Auftakt und Finale völlig unbeschwerlich; Eisenärzt-Inzell „durchwachsen"; zusätzliche Aktivitäten müssen zeitlich und kräftemäßig abgeklärt werden.

START Traunstein, Bahnhof.

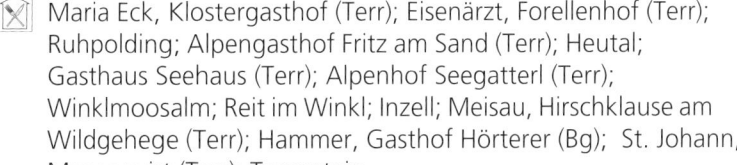 Maria Eck, Klostergasthof (Terr); Eisenärzt, Forellenhof (Terr); Ruhpolding; Alpengasthof Fritz am Sand (Terr); Heutal; Gasthaus Seehaus (Terr); Alpenhof Seegatterl (Terr); Winklmoosalm; Reit im Winkl; Inzell; Meisau, Hirschklause am Wildgehege (Terr); Hammer, Gasthof Hörterer (Bg); St. Johann, Mesnerwirt (Terr); Traunstein.

Siegsdorf, beheiztes Freibad/Wasserrutsche; Eisenärzt, Wald-schwimmbad; Ruhpolding, beheiztes Freibad und Wellen-Hallen-bad; Lödensee, Mittersee, Weitsee; Reit im Winkl, Freibad / Wasserrutsche, Hallenbad; Inzell, Badepark (Warmfreibad/ Hallenbad), Zwingsee; Traunstein, Erlebnisbad/Riesenrutsche.

Siegsdorf, Naturkunde- und Mammutmuseum: Di-So 10-18 Uhr. Siegsdorf-Alzing, Mammutheum: tgl. 9-18 Uhr (Führung nach Absprache, Tel. 08662/12120). Ruhpolding, Heimatmuseum: Mi-Sa 14-17 Uhr; Museum für bäuerliche und sakrale Kunst: Di-Sa 9.30-12 und 14-16 Uhr, So 9.30-12 Uhr; Holzknecht-museum Laubau: Di-So 13-17 Uhr; Museum Glockenschmiede: Mai-Okt. Mo-Fr 10-12 und 14-16 Uhr, Juli-Mitte Sept. tgl. 10-16 Uhr; Schnauferlstall, Bacherwinkl 5: Di-Fr 10-12 und 15-17 Uhr, So 13-17 Uhr; Mineralien- und Fossiliensammlung, Brander Straße 38: tgl. 8-18 Uhr; Märchen- und Familienpark: ab Mitte Mai tgl. 9-18 Uhr.

Verkehrsamt Siegsdorf, Tel. 08662/498745; Kurverwaltung Ruhpolding, Tel. 08663/1268; Verkehrsverein Inzell e. V., Tel. 08665/9885-0; Verkehrsamt Reit i. W., Tel. 08640/80020.

Vom Bahnhofsplatz in Traunstein aus, die Rosenheimer Straße querend, fädeln wir in die Holzhamer Straße ein, anschließend, jenseits des Bahngleises, in die Wartbergfeldstraße. Für ca. 150 m befahren wir ei-nen Radweg, dann wenden wir uns hinunter zum Bahngleis, das wir nun ein zweites Mal queren. Beim Salinen-Infopilz schwenken wir nach rechts auf den Radweg „Traun-Alz". Kurz vor Siegsdorf vereinigen sich Rote und Weiße Traun, die Quellflüßchen, die uns heute noch oft be-gegnen werden. Der Steg hinter der Bahnlinie führt uns nach links über Theresien- und Marienstraße zur Hauptstraße von Siegsdorf.

Info

Siegsdorf, Wiege des berühmten Minnesängers Tannhäuser (13. Jh.), wurde im Mit-telalter zusammen mit den Nachbarorten Eisenärzt und Hammer, vom Eisen und sei-ner Verarbeitung geprägt. - In der Pfarrkirche Mariä Empfängnis hat der Freskant Franz Joseph Soll den von Panduren gelegten Brand Traunsteins (1704) dargestellt. - Zwei Museen versetzen uns weit zurück in die Erdgeschichte: das Mammutheum - Steinzeitparcours für die ganze Familie (basierend auf dem aufsehenerregenden Fund des „Siegsdorfer Mammut" im Jahre 1975) und das Naturkunde- und Mammut-museum (südostbayerische Erdgeschichte, Versteinerungen, Eiszeit mit Mammut und Höhlenlöwe). - Bauruine ehemaliger Solehochbehälter siehe Seite 103.

Bei der Post queren wir die Eisenbahnlinie, steigen nun in den markierten Radwanderweg Richtung Ruhpolding ein. Am Ende der Sonnenstraße, jenseits der Bahnlinie, streben wir dann flußaufwärts Höpfling zu, wo wir das Ufer wechseln. Kurz vor Eisenärzt queren wir wiederum die Weiße Traun.

Alternative zur ersten Etappe Siegsdorf-Eisenärzt: Ein Sträßlein führt hinauf nach Maria Eck, dem berühmtesten Wallfahrtsort des Chiemgaus, auf einem Vorberg (= Egg) des Hochfelln gelegen (prächtiger Ausblick!). Seit 1891 sind Franziskaner-minoriten Hüter dieses Heiligtums. Am 3. Maisonntag findet jeweils die großartige Trachtenwallfahrt statt.

Um **Eisenärzt** (nomen est omen!) wurde bereits früh Eisen geschürft und verarbeitet. Später ernährten 300 Jahre lang drei Eisenhämmer die Bewohner dieses „Industrieorts". Kunsthistorisches hat dieses Dorf nicht zu bieten, dafür aber schöne Gebirgshäuser mit herrlich bemalten Fassaden!

Die Radwanderwegzeichen locken uns nun, zunächst leicht bergauf, in stille Reviere. Hinter Vordermiesenbach genießen wir die Talfahrt hinunter nach Ruhpolding. Über den Bojernsteg können Sie ins Zentrum des ungemein beliebten Ferienparadieses, dessen Häuser mit dem üppigen Blumenschmuck fürwahr eine Augenweide sind, vorstoßen.

Ruhpolding, im Miesenbacher Tal gelegen, ist benannt nach seinem bajuwarischen Gründer Rudpold. Bergbauern und Holzknechte waren hier die Bewohner bis zu der Zeit, die den Tourismus in dieses romantische Eiland dirigierte. - In der St.-Georgs-Kirche begegnen wir einer der schönsten Landkirchen Oberbayerns (Baumeister: Johann Gunetzrhainer). Neben der Fröhlichkeit der barocken Formen findet sich in diesem Festsaal Gottes auch die Figur einer spätromanischen Madonna (um 1200), die „verkannt" bis 1955 in der Häuslerkapelle von Zell stand. Der althergebrachte Georgiritt (Irgenritt) mit Georgitag findet am 1. Septembersonntag statt. Ein wenig weiter hügelan liegt der tausendjährige Bergfriedhof mit seiner Gruftkapelle.

Ruhpolding ist ein museenreicher Ort: Heimatmuseum im Jagdschloß (Sammlungen alpenländischer Volkskunst und Volkskunde, Waffensammlung, etc.), Museum für bäuerliche und sakrale Kunst, Holzknechtmuseum, Museum Glockenschmiede (historische Hammerschmiede, gegr. 1646). Auch der Schnauferlstall (35 alte Motorräder), der Märchen- und Familienpark und die Mineralien- und Fossiliensammlung warten auf Besucher.

Das Biathlon-Bundesleistungszentrum hat internationalen Rang und Ruf.

Ein Erlebnis besonderer Art könnte eine rasante Fahrt mit der Großkabinenbahn auf den 1648 m hohen **Rauschberg** sein (ein äußerst beliebter Wander- und Skiberg mit einem Alpenlehrpfad, prächtige Aussicht). - Auch der **Unternberg** (1450 m), dem zahlreiche moderne „Ikarusse" entschweben, lockt mit einer Aufstiegshilfe in sein ideales Höhenwandergebiet. - Sich die Bilderbuchlandschaft bei schönem Wetter von noch weiter oben zu besehen - vom Flugplatz in Neustadl aus ist's möglich (Sa So Fei Mi).

St. Valentin zu **Zell** (Fresken im Netzgewölbe) ist das älteste Bauwerk in Ruhpolding. Vor dem romanischen Kirchlein sind an betagten Bäumen Totenbretter angebracht. Besucher von St. Valentin benutzen Richtung Infangtal am besten die Teerstraße geradeaus.

Unser nächstes Ziel ist Inzell. Dazu überwinden wir die Egglbrücke und schwenken sofort nach links auf den zum Fußweg parallel laufenden Radweg ein.

 Unweit von hier, südlich der Zeller Straße, lädt die ergreifende Kreuzigungsgruppe eines einheimischen Künstlers, geschaffen für die evangelische St.-Johannes-Kirche, zu stiller Betrachtung ein.

Ab dem Ortnersteg (Fuchsau) folgen wir nun über die Weiße Traun den Zeichen „Chiemgau-Rad- und Wanderweg Inzell".

 Für sehr sportliche Radler haben wir eine überaus lohnende **Zusatzrunde** (Beginn hier beim Ortnersteg) erkundet, die nicht nur Laubau (Holzknechtmuseum), das Biathlon-Leistungszentrum und die warme Seenplatte (Lödensee, Mittersee, Weitsee) tangiert, sondern auch durchs Wappachtal die herrliche Hochmoor- und Almlandschaft Röthelmoos (hier auch historische Triftklause) anpeilt und schließlich durch eine lange Abfahrt entlang der Urschlauer Achen, vorbei am Wallfahrtskirchlein Maria Schnee, dem Märchen- und Familienpark und der Glockenschmiede, gekrönt wird. - Topradler können sich ab dem Weitsee durchaus noch den Abstecher nach Reit im Winkl, der südlichsten und höchstgelegenen Gemeinde des Chiemgaus, „leisten". Gemütliche Wirtshäuser warten in jenem Bergdorf.

Für besonders Unternehmungslustige: Ab Seegatterl verkehrt stündlich ein Bus hinauf zur berühmten Winklmoosalm, auch Heimat der Skiasse Mittermaier; ein Sessellift bringt Sie zum Grenzgipfel Dürrnbachhorn. - Wir haben noch eine weitere, überaus reizvolle, Variante, hinüber ins salzburgische Heutal, getestet: Dazu folgen wir kurz hinter der Radweg-Abzweigung „Laubau" (Holzknechtmuseum) dem Wegweiser „Staubbachfall, Heutal". 6 km (100 m Steigung) sind durchs Fischbachtal bis zu einer Hütte per Rad zurückzulegen. Ab hier geht`s nur zu Fuß weiter (Heutal 50 Min.; griffiges Schuhwerk erforderlich! Ausweis!). An diesem traumhaft schönen Weg zieht der wildromantische Staubbachfall alle Register seines Könnens, ehe wir auf dem Almboden des Heutals dem lohnenden Sonntagshorn (2°-3 Std.) entgegenträumen (Hochalm 1 Std.). Das Angebot ist reichlich - Sie dürfen, je nach Laune, Können, etc., wählen und - geschickt kombinieren!

Übers Infangtal, vorbei an der Windbach-Diensthütte (wir folgen den 1858 von König Max II. von Bayern hinterlassenen „Spuren"), gelangen wir, mit voller Kraft bergauf, dann flott bergab, nach Oberhausen (hier links!). Wir flitzen talwärts dem Inzeller Becken zu.

 In der barocken Kirche St. Mariä Himmelfahrt von **Niederachen** wird Maria als Königin des Himmels verehrt.

Hier in Niederachen schwenken wir in Höhe der Frauenkirche nach links in den Salinenweg. In Wien treffen wir uns mit denen, die über Gschwendt abgekürzt haben (siehe Kartenskizze!).

Inzell liegt an der Pforte zum Berchtesgadener Land. Seine frühe Geschichte ist geprägt von der Herrschaft der Salzburger Erzbischöfe. Klosterhofmark von St. Zeno/Reichenhall war es von 1177 bis 1803. Das Hotel Post ist moderner Nachfolger der Hofmarkstaferne. Das Haus des Hofmarksrichters (16. Jh.) besticht durch sein stattliches Grundmaß (18,5 x 30 m!). Ein ausdrucksvoller Gnadenstuhl eines sehr begabten Künstlers schmückt den Chorbogen der Pfarrkirche St. Michael (am Sonntag nächst dem 29. September Michaeli-Ritt).

Durch den Abbau von Blei- und Zinkerzen aus heimischen Bergen versuchten sich die Bewohner eine Geldquelle zu erschließen - mit nur spärlichem Erfolg. Wirtschaftliche Blüte brachte aber dann der Bau der Soleleitung Reichenhall-Traunstein im 17. Jh. (siehe auch Seite 92). Eine neue ergiebige Solequelle konnte nur dann versiedet werden, wenn man „das Salz zum Holz" brachte - die Wälder in Reichenhalls Umgebung waren bereits geplündert. Noch heute kann man den Verlauf dieser Rohrleitung in der Natur verfolgen (siehe auch Landschaftsrelief im Haus des Gastes).

Der Frillensee ließ einst Inzell **Eissportzentrum** werden. Heute gibt es ein Internationales Leistungszentrum der Eisschnell- und Rollschuhläufer.

Bereits kurz vor Wien ist das Radwegzeichen Traun-Alz aufgetaucht, um die Führung wieder zu übernehmen. Unkompliziert, nahe am Puls der Roten Traun zu unserer Linken, dahinstrampelnd, vorbei an Meisau, wo am jenseitigen Ufer ein Gasthaus mit einem Wildgehege auf potentielle

Inzell, einst an der "Güldenen Salzstraße" gelegen

Gäste wartet, streben wir talauswärts Hammer zu, wobei wir auch eine ehemalige Deichelbeize passieren. Wir schlüpfen unter der B 306 durch, folgen weiterhin dem vertrauten Radwegzeichen „Traun-Alz".

Info

Auch die Bewohner von **Hammer** ernährte in der Vergangenheit das Eisenerz. Schon früh gab es eine Eisenhütte und ein Hammerwerk. Im 17. Jh. wurde auch hier das „Standbein Soleleitung" aktuell. Im Kurpark, Standort des ehemaligen größten Sole-reservoirs, erhalten wir eingehende Informationen über das Salinenwesen. Übrigens ist der Goldmedaillengewinner im Biathlon von Sarajewo (1984), Peter Angerer, ein Sohn Hammers.

Wir passieren eine weitere Soleanlage, ein ehemaliges Deicheldepot mit Erklärungen, und bleiben damit beim Thema. Bei der Walzmühle St. Johann hinter Heutau überqueren wir die Rote Traun. Wir stoßen auf eine Kreuzung.

Tip

Von hier aus ist's unweit zum gotischen Kirchlein St. Johann und der urigen Einkehr Mesnerwirt (Radweg).

Hinter der BAB strampeln wir fröhlich nach links weiter, werden bald über Rote und Weiße Traun geleitet und dürfen vor dem Schwimmbad zum Endspurt nach Traunstein ansetzen, d. h. für uns „Startetappe mit umgekehrtem Vorzeichen".

17

St. Primus und seine Quelle: Bad Adelholzen

 **Toureninfos**

km
e 1 2 28 km.

Abgesehen von den Steigungen hinter Grabenstätt (leicht) und Bergen (steil) eine landschaftlich abwechslungsreiche, nicht allzu schwierige Tour, der wir in Bergen durch zusätzliche Aktivitäten aus der angebotenen Palette noch einen besonderen Erlebnisakzent verleihen können.

START Traunstein, Bahnhof.

Strandbad-Gaststätte Tüttensee-Alm (Terr); Grabenstätt, Gasthof zur Post (Terr), Grabenstätter Hof (Bg); Holzhausen, Gasthof Alpenblick (Terr); Bergen; Berggasthof Kohlstatter Alm (Terr), Berggasthof Pattenberg (Terr), Klostergasthof Maria Eck (Terr); Siegsdorf; Traunstein.

Tüttensee; Bergen, beheiztes Freibad, Naturbad; Siegsdorf, beheiztes Schwimmbad/Wasserrutsche; Traunstein, Erlebnisbad/ Riesenwasserrutsche.

Grabenstätt, Römermuseum Multerer, Traunsteiner Straße 1: Sa 10-11 Uhr und nach Vereinbarung (Tel. 08661/242). Siegsdorf, Naturkunde- und Mammutmuseum: Di-So 10-18 Uhr. Siegsdorf-Alzing, Mammutheum: tgl. 9-18 Uhr (Führung nach Absprache, Tel. 08662/12120). Bergen, Maximilianshütte: Mai-Okt. Di 10 Uhr Führung, ab 10 Pers. auch nach Vereinbarung (Tel. 08662/8255).

i Verkehrsämter: Grabenstätt, Tel. 08661/988731; Bergen, Tel. 08662/8321; Siegsdorf, Tel. 08662/498745.

Wir starten vom westlichen Bereich des Bahnhofs Traunstein aus, gelangen über die Güterhallenstraße und die Ampelanlage zur Äußeren Rosenheimer Straße, Fortsetzung Chiemseestraße (Radweg). Der Wegweiser „Einham" (links!) lockt uns in jenes kleine Dorf, von wo aus wir, ohne Wegpfeil links einschlagend, mit 10 % Gefälle, Neuling ansteuern. Vor Wörglham, jenseits der Verbindungsstraße Vachendorf-Erlstätt, werden wir mit herrlichem Gebirgsblick verwöhnt. Am Ortsrand von Marwang folgen wir dem Wegweiser „Tüttensee".

Info

Marwang schmückte sich einst mit einem Schloß. Am Gotteshaus außen erinnert eine Tafel mit lateinischer Inschrift an die Schloßherrin und Stifterin Maria Katharina von Toerring, die am Ende des 30jährigen Krieges hier eine typische (fensterlose) Loreto-Kapelle bauen ließ. Eine rege Wallfahrt zum Gnadenbild, Maria als Königin mit ihrem Sohn, begann sich zu entwickeln. Zahlreiche studierenswerte Votivtafeln legen dafür Zeugnis ab. Eine Modernisierungsmaßnahme beraubte diese Gebetsstätte allerdings ihres meditativen Charakters.

Unsere gemächliche Talfahrt wird bei der Zufahrt zum Tüttensee nach rechts gelenkt. Eine breitere Autostraße nimmt uns in Richtung Grabenstätt auf.

Grabenstätt siehe Seite 76.

Am Ortsrand steuern wir in die Höringer Straße. Fast stets leichte Steigung, dazwischen kaum Gefälle, kennzeichnet die nächste Etappe bis Höring.

Tip

Von Höring aus gerade weiterzuradeln bis **Holzhausen** kann für Körper und Geist sehr lohnend sein. Das eine wäre eine Einkehr beim Gasthof Alpenblick, der seinem Namen alle Ehre macht, das andere eine Reise in die Vergangenheit. 50 m hinter dem Ortsende, Richtung Bergen, rechts, wurden die Fundamente eines römischen Gutshofes freigelegt. An jener Stelle stand ein römischer Hof mit turmartigen Eckbauten; besonderes Zeichen der damaligen hohen Kultur ist der Nachweis einer Unterflur-Warmluftheizung. Guten Geschmack bewiesen die Römer auch darin, daß sie eine Loggia mit Bergblick dem Wohnraum anfügten.

Um das südlich der Salzburger Autobahn gelegene Bergen zu erreichen, fädeln wir in die Gleisinger Straße ein. Zunächst radeln wir streng südlich, überwinden die Bahntrasse Rosenheim-Traunstein, halten uns vor dem Fichtenwäldchen links. Das schmale Schottersträßlein zieht erst eben durch Wiesengrund, dann durch Wald. In Hautzenbichl wenden wir uns nach rechts, an der Straßeneinmündung steuern wir, uns links haltend, hinein ins Bergener Moos.

In sanften Windungen verlaufend, erreicht dieser Tourenabschnitt Bergen, wo wir nach links die Weißachener Straße nehmen.

Bergen siehe Seite 77.

Tip

Falls Sie einen langen Tag für Ihren Ausflug zur Verfügung haben, dann wären die Ergebnisse unserer Detektivarbeit in puncto Bergener Aktivitäten (auch „radlos") für Sie vielleicht von Interesse.

1. a) Ab Maximilianshütte führt ein ca. 4 km langer sanfter Anstieg durch das bewaldete Tal der Weißen Ache zum Berggasthof Kohlstatter Alm.
b) Auf dem gleichen Strasserl ist auch der Berggasthof Pattenberg zu erreichen (ab Abzweigung noch ca. 10 Min.!); von dort flotte Talfahrt nach Bergen.
c) Von derselben Asphaltstraße aus gibt es drei Wanderwege auf den Hochfelln; Gehzeit jeweils 2-3 Std.

2. Den „Tele-Blick" vom Hochfelln (schönster Aussichtsberg im Chiemgau!) kann man sich auch schwebend „verdienen".

3. Von der Talstation der Hochfelln-Seilbahn aus können Sie in ca. 50 Min. zur Wallfahrtsstätte Maria Eck/Klostergasthof pilgern (siehe auch Seite 96).

Unsere Route wendet sich hinter der Pfarrkirche von Bergen in den steil ansteigenden Sonnleitenweg (zugleich markierter Salzsalinenweg), vorbei an der anmutigen Kriegergedächtniskapelle. Hinter dem Waldrevier wird uns ein prächtiger Blick hinüber zum Marienheiligtum Maria Eck geschenkt. Ohne Orientierungsprobleme gelangen wir nach Adelholzen (in Höhe des Parks Bildstöckl zu Ehren der Vierzehn Heiligen).

Info

In **Adelholzen** hat einer der größten deutschen Mineralbrunnenbetriebe seinen Sitz, der auf die Entdeckung der Quelle durch den hl. Primus vor über 1700 Jahren zurückgeht (siehe auch Info-Pilz im Park). Das heilbringende Wasser ließ früh einen Kurort entstehen (ältestes Heilbad Bayerns), den auch Nuntius Eugen Pacelli, der spätere Papst Pius XII., und Michael Kardinal Faulhaber von München zu schätzen wußten. Das ehemalige Kurhaus dient heute der Kongregation der Vinzentinerinnen als Erholungsheim (nahebei die Fassung der Quelle und die Primuskapelle). Über die Flur von Adelholzen wurde von 1810 bis 1958 Sole von Reichenhall nach Rosenheim geleitet.

Von Adelholzen aus strampeln wir, zunächst nach Norden, Thalham zu. Dort vertauschen wir die Autostraße mit einem Bauernweg (rechts) hinüber nach Siegsdorf. Wieder völlig abseits vom Autoverkehr, umgeben uns nur mehr Wiesenareale und Waldwände; einzige Laute sind das Surren der Insekten, fröhliches Vogelgezwitscher und klangvolles Kuhgeläute. Fast unmerklich steigt unser Wegerl etwas an; rechter Hand träumt ein Weiler in der Sonne. Dahinter begrenzt die zerklüftete Alpenkette, vorgelagert die waldbedeckten Vorberge mit ihrer Bläue, unsere Sicht nach Süden. In Siegsdorf kommen wir über die Thalhamer Straße zur Thannhäuserstraße.

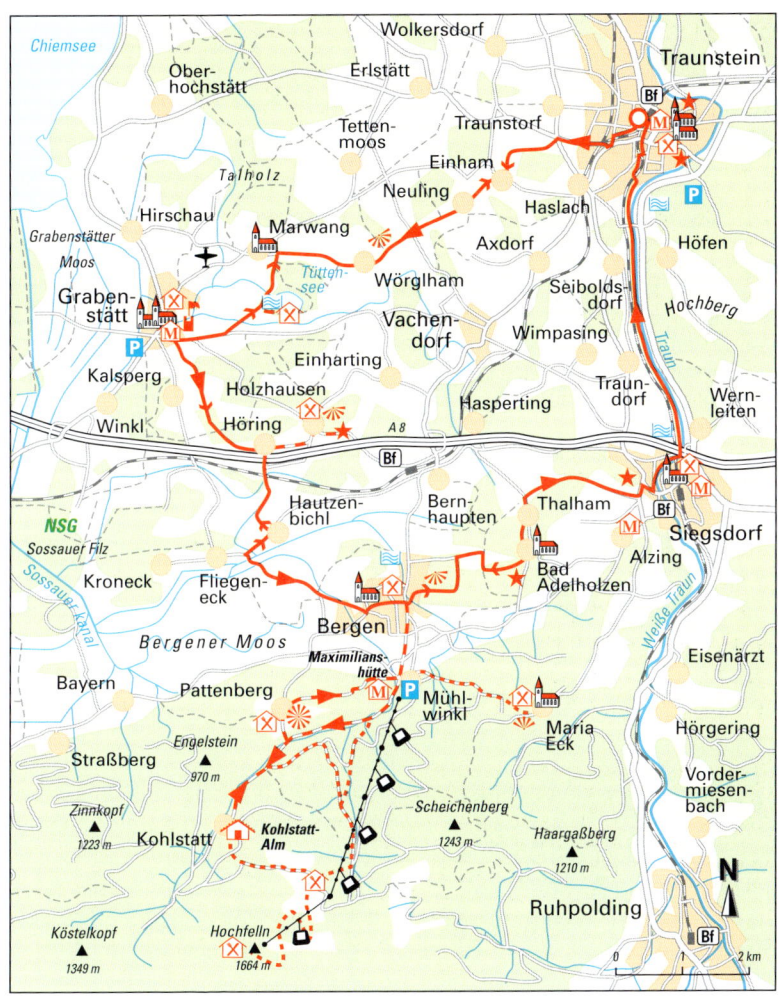

Tip Nach links, über das Sträßlein „Am Himmelreich" und einen kurzen Fußweg sind die Reste des ehemaligen Sole-Hochreservoirs Am Himmelreich zu finden (Info-Tafeln!).

In die Traunsteiner Straße münden wir nach rechts ein.

Siegsdorf siehe Seite 94.

Noch vor der Traunbrücke schwenken wir nach links in die Haunertinger Straße und fädeln anschließend in die Sportfeldstraße ein; ab jetzt übernimmt das weiß-grüne Radwegschild „Traun-Alz" die Führung. Die letzte Etappe bis Traunstein deckt sich mit jener von Tour 16.

18

Gemütlicher Badeausflug zum Chiemsee

Toureninfos

 30 km.

Zwei steilere Anstiege, vor Ettendorf und hinter Erlstätt, fordern uns, ansonsten problemlos.

START Traunstein, Bahnhof.

Sondermoning, Landgasthof Zenz (Bg); Chieming, Gasthof Unterwirt (Bg); Erlstätt, Gasthaus zur Post (Terr); Traunstein.

Chieming, Strandbad, Freibadestrand, Hallenbad; Traunstein, Erlebnisbad/Riesenwasserrutsche.

i Verkehrsamt Chieming, Tel. 08664/245.

Unsere „Startbasis" ist der Bahnhof Traunstein. Vom Bahnhofsplatz und der Bahnhofstraße aus wenden wir uns nach links in die Herzog-Friedrich-Straße. Über die Obere Hammerstraße (rechts) gelangen wir hinunter zur Traun, wo wir nach rechts den Traunweg befahren. An der zweiten Brücke, der Ettendorfer Brücke, queren wir, links einschlagend, den Fluß und strampeln nun, wiederum links, auf der schweißtreibenden Ettendorfer Straße hinauf zu einer wahren Oase.

Info
Das einsam auf einem Hügel thronende gotische St.-Veits-Kircherl von **Ettendorf** ist Ziel des jährlichen Georgiritts am Ostermontag. Ein farbenprächtiger Zug aus Bauernreitern, Fanfarenbläsern, historischen Persönlichkeiten aus der Stadtgeschichte Traunsteins, dem legendären St. Georg in römischer Uniform samt Geleit, den malerisch gewandeten Schwerttänzern, angeführt vom Herold in mittelalterlichem Wams, bewegt sich dann vom Zentrum Traunsteins hinauf zum Kulthügel, den kirchlichen Segen erbittend.

Hinter Ettendorf lassen wir uns nach Trenkmoos schicken, an dessen Ortsrand wir nach links einschlagen. Für ca. 1 km nach rechts benutzen wir den die Straße nach Traunreut begleitenden Radweg und peilen dann Leiderting an. Dort wiederum knicken wir im rechten Winkel hinüber nach Mühltal, das sich in der malerischen Traunschleife eingenistet hat. Unser Sträßlein läuft auf die vielbefahrene Autostraße Traunstein-Traunreut zu. Jenseits dieser Verkehrsader - zunächst geht's durch ein Waldrevier - steuern wir auf den Ortskern von Nußdorf zu. In Höhe der sehr erhaben wirkenden spätgotischen St.-Laurentius-Kirche vertrauen wir uns der Straße „Am Martlberg" an. Nach ca. 100 m setzen wir auf den Naturweg über und bei der Gabelung im Wald entscheiden wir uns für „Sondermoning" (rechts).

Info

In **Sondermoning** lädt uns das äußerlich unscheinbare spätgotische Kirchlein St. Nikolaus und Johannes d.T. ein, seinen wunderschönen gotischen Flügelaltar (um 1490) mit geschnitzten Reliefszenen aus dem Marienleben auf den Innenseiten der Flügel und den vollplastischen Kirchenpatronen im Mittelschrein zu bestaunen.

Kurz vor der belebten Autostraße, die den Ort durchquert, schwenken wir nach links in die Eglseer Straße. In Höhe von Eglsee wenden wir uns nach rechts in Richtung „Chieming". Schnurgerade peilen wir den bekannten Erholungsort an.

Chieming siehe Seite 44.

Nach ausgiebigem Baden im Bayerischen Meer, wenn die Sonne schon sehr tief steht, ist Aufbruch angesagt. Vom Zentrum Chiemings aus streben wir nun über die Max-Kurz-Straße - ein prächtiger Blick über den kleinen unbekannten Pfeffersee hinweg auf seinen berühmten Nachbarn ist uns noch gegönnt - dem Weiler Oberhochstätt zu. Dort schickt uns die Wegtafel „Erlstätt" nach links. Nur Innerlohen und ein Waldrevier trennen uns noch von der „Stätte der Erlen".

Info

Die St.-Petrus-Kirche von **Erlstätt**, ein massiger „spätestgotischer" Bau mit barocker Zwiebelhaube, besitzt ein sehenswertes Netzgewölbe und beherbergt einige gotische Relikte, wie z. B. den Schächerstein im Chor und eine wunderschön gestaltete Halbfigur Christi im Langhaus. Einst siedelten, nach den Kelten, in dieser Gegend Römer. Im letzten Jahrhundert wurde hier eine römische Villa ausgegraben. Fußbodenfragmente (Mosaik) bewahrt das Römermuseum in Grabenstätt auf.

Wir queren die Ortsdurchgangsstraße, setzen unsere Route auf der Römerstraße und der Staudacher Straße fort. Die prächtige Rück-Sicht auf das Dorf entschädigt uns für die starke Steigung. An der Teerstraße steuern wir nach links, Staudach und Einham entgegen. Im Zentrum Einhams wenden wir uns wegweiserlos nach links in Richtung Traun-

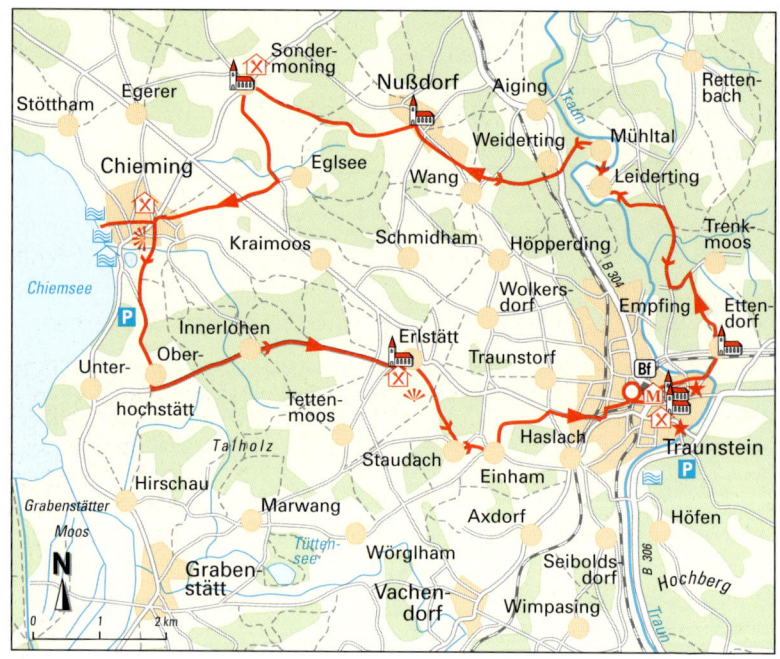

stein. Chiemseestraße, Fortsetzung Äußere Rosenheimer Straße, bringen uns zu einer Ampelanlage, wo wir kurz nach links schwenken und uns dann rechts über die Güterhallenstraße (Radweg) dem westlichen Bahnhofsbereich in Traunstein nähern.

Durch anmutige Hügellandschaft
zum Strand des Waginger Sees

Ein ganz besonderes Schmankerlziel steht heute auf dem Programm: der wärmste See Oberbayerns (dem Salzachgletscher gebührt aufrichtiger Dank!), in einem besonders prächtigen Erdenwinkel gelegen, wo sich die Naturschönheiten um die Vorherrschaft zu streiten scheinen.

Die Pfarrkirche von St. Leonhard am Wonneberg, ein Meisterwerk der Kirchenkunst

Toureninfos

km 55 km (davon Seevariante 13 km).

 Der Beginn dieser Radlrunde läßt Zeit zum Eingewöhnen; bewegtes Auf und Ab folgt; die letzte Etappe verläuft sanft. Tachinger-See-Umrundung: über dem Ostufer starke Steigung, aber auch Gefälle, verbunden mit traumhaftem Ausblick.

START Traunstein, Bahnhof.

🗙 Lauter, Gasthof Weingart (Bg); Hellmannsberg, Landgasthaus Schweizer Hof (Terr); St. Leonhard am Wonneberg; Waging; Tettenhausen, Gasthof zur Post (Bg); Kammer, Gasthaus zur Post (Bg); Traunstein.

👑 Waging, Strandbad Strandkurhaus/Wasserrutsche, Strandbad Seeteufel; Taching, Strandbad; Tengling, Strandbad; Tettenhausen, Strandbad; Traunstein, Warmbad/Riesenwasserrutsche.

🕐 Waging, Bajuwarenmuseum : tel. Auskunft beim Verkehrsamt; Vogelmuseum Graben: stets geöffnet.

ℹ️ Verkehrsämter: Waging am See (Tel. 08681/313 und 334), St. Leonhard am Wonneberg (Tel. 08681/246).

Die erste Etappe, Bahnhof Traunstein-Ettendorf, deckt sich mit der Startphase von Tour 18. Hufschlag ist nur einen Katzensprung entfernt. Dort schwenken wir am Ende der Georgistraße nach rechts ein, folgen nach ca. 200 m, hinter der Bahnunterführung, der Wegtafel „Thunstetten". Ein windungsreiches Teerstrasserl, vorbei an der kleinen Siedlung Thann, läßt uns bald, verwöhnt von prächtigen Landschaftsbildern, jenes Dorf erreichen. Am Ortsrand biegen wir im 90°-Winkel hinüber nach Oed, wo wir einen Gang zurückschalten und dann jenseits der Bahnstrecke Traunstein-Teisendorf uns vom Wegpfeil nach Lauter schicken lassen.

Lauter war im Mittelalter (vor 1275) Zollstation an der „Güldenen Salzstraße". Wie vor allem noch im Bayerischen Wald und der Oberpfalz, gibt es auch hier in dieser Region die innige Art der Totenverehrung durch das Aufstellen von Totenbrettern. Dieser Brauch war früher in ganz Süddeutschland verbreitet. Entstanden ist er aus der Achtung vor dem Stück Holz, auf dem die sterbliche Hülle des geliebten Toten aufgebahrt gewesen und mit Hilfe dessen man den Leichnam in die Erde gleiten ließ (s'Brettlrutsch'n). Diese Bahrbretter wurden aufbewahrt, mit Kreuz und Namen versehen und oft kunstvoll verziert. Als die Sargbestattung üblich wurde, zimmerte man für diesen Brauch eigens Bretter und stellte sie zum Gedächtnis an Ortsausgängen, an Waldrändern, an Kapellen und an Wegen auf.

In Lauter schlagen wir in Richtung „St. Leonhard" ein, passieren am Dorfende Totenbretter. Hinter Geiersnest haben wir uns für das nach rechts abzweigende Sträßlein (Wegweiser „Zell") entschieden.

Alternative: Falls Sie direkt und rascher St. Leonhard a. W. ansteuern möchten, brauchen Sie nur die ursprüngliche Fahrtrichtung beizubehalten; dieser Streckenabschnitt hat auch seine Reize, doch muß man die Straße mit den Autofahrern teilen.

Wir tauchen nun in ein besonders ruhiges Revier ein. Wald spendet uns willkommenen Schatten. Hinter Hirschau lenken wir nach links, dirigiert vom Wegpfeil „Hellmannsberg". Unser Teersträßlein schlängelt sich durch den Zeller Forst, läßt uns dann flott talwärts sausen, hinunter zu sonnenüberfluteten Wiesen, wo zu unserer Linken eine Marienkapelle mit benachbarten Totenbrettern auf uns zu warten scheint. Vom Talboden aus klettert unser Strasserl hinauf nach Hellmannsberg mit seinem verführerischen Gasthof. Aug' in Aug' mit der prächtigen Salzburger Zwiebel der Wallfahrtskirche St. Leonhard stoßen wir auf eine breitere Autostraße, die uns nach links zum gleichnamigen behaglichen Ort am Wonneberg (=Waginger Berg) bringt.

Wer, aus welchem Grunde auch immer, St. Leonhard links liegen lassen möchte, braucht nur die breite Autostraße zu queren und Untermoosen anzusteuern, von wo aus alle wieder gemeinsam den Waginger See anpeilen werden.

Weithin markiert das stattliche Gotteshaus von **St. Leonhard** am Wonneberg (erbaut 1496) mit seinem vierfach bekrönten hochaufschießenden Turm die Lage dieses behaglichen Dörfleins. Das mächtige Kirchenschiff wird außen von einem Fries, einem bandartigen Streifen, umspannt. Der 5.10.1986 geriet zu einem Höhepunkt in der Geschichte dieses Sakralbaus: An jenem Tag wurden in mühsamer Arbeit freigelegte barocke Fresken (ein Passionszyklus und ein „Heiligenhimmel") - sie gelten als kunsthistorische Rarität in Oberbayern - der Öffentlichkeit vorgeführt. Im neugotischen Hochaltar wurden vier spätgotische Altarflügel des einstigen Schreinaltars aus dem 16. Jh. integriert. Ist er geöffnet, sind die hll. Laurentius, Johannes d.T., Sebastian und Stephanus zu sehen, stellvertretend für die Elemente Feuer (Rost), Wasser (Taufe), Luft (Pfeile) und Erde (Steine); geschlossen zeigt der Altar vier Passionstafeln, die zum Besten zählen, was sich aus der Laufener Künstlerwerkstätte des Gordian Guckh erhalten hat. Die gleiche Handschrift verrät die Christophorus-Tafel an der Nordwand. Eine Vitrine beherbergt eiserne Votivgaben, die der romanischen Vorläuferkirche entstammen. - Bis heute hat sich der Leonhardiritt am 6. November erhalten.

Von St. Leonhard aus streben die „Beschaulichen", gemeinsam mit den „Flotten", in östlicher Richtung dem Weiler Köpfelsberg zu. Wir lassen uns nach Untermoosen und anschließend nach Haslach locken. Von jener Aussichtswarte aus starten wir zu einer genußvollen Abfahrt hinunter zu dem idyllisch eingebetteten Marktflecken Waging am See. Jenseits der Umgehungsstraße stoßen wir zum Zentrum vor.

Waging am See ist uralter Siedlungsboden. Kelten (Gräber und eine Schanze), Römer (Römerstraße) und Bajuwaren (Gräber) hinterließen eindeutige Spuren. Die im Zuge einer Friedhofserweiterung zutage geförderten Grabbeigaben, wie z.B. Goldblattkreuze, Fibeln, Halsketten, etc., aus Bajuwarengräbern werden im Bajuwarenmuseum gezeigt. Seit dem Mittelalter unterstand Waging dem Erzstift Salzburg. 1385 wurde es zum Markt erhoben. Seine Lage an der „Unteren Salzstraße" hat ihm schon früh Wohlstand beschert. Nach einem territorialen Wechselbad - 1816 sprach man Salzburg endgültig Österreich zu - durfte Waging, zusammen mit Laufen, Tittmoning und Teisendorf, bei Bayern bleiben; der Rupertiwinkel war geschaffen.

Wagings kirchliche Wurzeln reichen bis etwa 755 zurück. Die feine Stuckdekoration der heutigen St.-Martins-Kirche wirkt ungemein festlich. Der prächtige Hochaltar (vom Salzburger Hofarchitekten Wolfgang Hagenauer entworfen), die zarten Rokoko-Seitenaltäre und die reichgeschmückte Kanzel fügen sich harmonisch ein. - Die beiden ehemaligen gotischen Sakramentshäuschen (bei der Kirche und am Höllenbach) wurden zu Beginn des 16. Jh.s geschaffen. - In der Wallfahrtskirche „Unsere Liebe Frau auf dem Mühlberg" (von dort herrliche Aussicht!) erzählen mehr als 300 Votivtafeln von überschwenglicher Dankbarkeit für erfahrene Hilfe.

Die Schönheit des fischreichen Waginger Sees basiert nicht zuletzt auf der Tatsache, daß weite Uferregionen naturbelassen blieben (Landschaftsschutzgebiet), der Tourismus in geordnete Bahnen gelenkt wurde. Sein „siamesischer Zwilling", der Tachinger See, kann dieselben Pluspunkte verbuchen. Wie wär's mit einem Besuch des Vogelmuseums? 300 präparierte Arten warten auf Sie!

Unsere Route schwenkt vor der Umgehungsstraße nach rechts in den Rad-/Fußweg ein und führt uns in Richtung Strandbad/Kurhaus (auch vom Zentrum Wagings aus über die Strandbadallee zu erreichen), wobei wir nur die Autostraße Richtung Freilassing zu queren brauchen und in die Strandbadallee rechts einmünden.

Das Revier beim Strandbad/Strandkurhaus mit angrenzendem **Kur- und Erholungspark** (Riesenschach, Minigolfanlage, Kneippbecken und vieles andere mehr) läßt so manches Herz höher schlagen. Da gibt es eine 71 m lange Wasserrutsche, und das **Freizeitzentrum** „Lido-Park" läßt kaum noch Wünsche offen.

Ca. 600 m vor dem See (Wegweiser „Fisching") beginnt für uns der Einstieg in eine wunderschöne Umrundung des Tachinger Sees. In Fisching schickt uns ein Radwegweiser nach rechts hinüber zum Strandbad „Seeteufel". Eine Unterführung unter der Straße Waging-Tittmoning

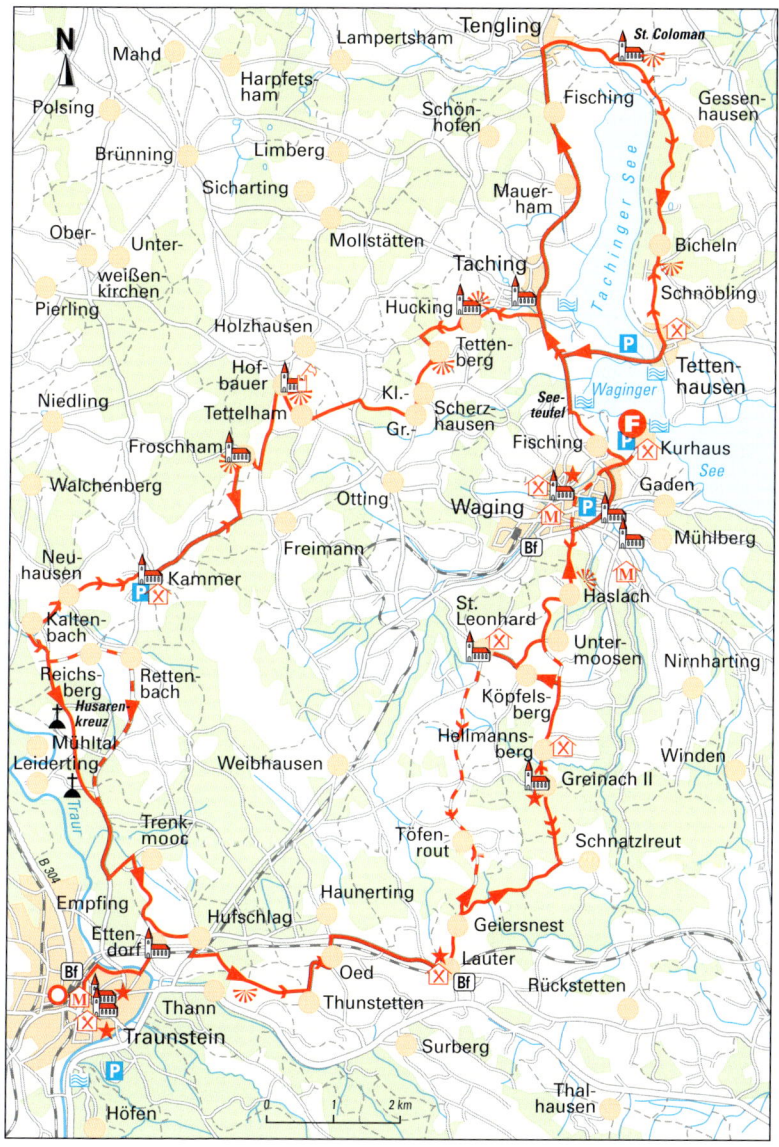

hilft uns, in den Rad-/Fußweg parallel zu jener Straße, die über dem Westufer des Tachinger Sees verläuft, einzufädeln. Taching zu heißt's schon auch mal zurückschalten.

Info Geistiger Mittelpunkt des anmutig über dem See plazierten Dörfleins **Taching am See** ist die gotische Pfarrkirche, an deren Außenwand ein Petrusfresko beeindruckt.

Tip Wer auf die Seeumrundung verzichten möchte, kann in Untertaching bereits Richtung „Hucking" einschwenken.

Flott kommen wir voran. Bei Mauerham staunen wir über einen Obstanger riesigen Ausmaßes. In Tengling, am nördlichsten Punkt unserer Seerunde, leisten wir dem Wegweiser „Gessenhausen" (rechts) Folge. Wir nähern uns einem Hügelkirchlein in vorzüglichster Aussichtslage.

Info Auch hier in **St. Coloman** hat Gordian Guckh (Flügelaltar von 1515) Spuren hinterlassen - Fensterchen an der Westseite der Wallfahrtskirche. Wir lassen unsere Augen gen Süden wandern und halten in stiller Ehrfurcht vor soviel landschaftlicher Schönheit den Atem an.

Unterhalb von St. Coloman führt nun unsere Radwanderung über dem Ostufer des Tachinger Sees südwärts. Schon bald wandelt sich für uns, die wir unsere Richtung beibehalten, das relativ breite Teerstrasserl in einen Schotterweg, der nun auch teilweise kräftig ansteigt. Nach der etwas anstrengenden Waldetappe langen wir in Bicheln an, wo eine grandiose Bilderbuchsicht alle Radlerherzen zum Jauchzen bringt. Die flotte Talfahrt hinunter nach Tettenhausen verstärkt dieses Glücksgefühl. Die Hauptstraße geleitet uns zur Brücke, die die schmale Verbindung zwischen dem Tachinger See und dem Waginger See überspannt. Über die Landzunge erreichen wir das Westufer, tauchen unter der Autostraße Waging-Tittmoning hindurch und steuern Untertaching an, wo wir nun dem See in Richtung „Hucking" den Rücken kehren. Ein birkenbestandenes Sträßlein geleitet uns hinauf zu jenem Weiler.

 Ca. 200 m weiter, von einer kleinen Anhöhe aus, schauen wir zusammen mit einer Kapelle hinunter nach Taching, auf den Tachinger See, aus dem helle Segel aufblitzen, hinüber nach Tettenhausen.

Hinter dem uns bald verschluckenden Waldrevier folgen wir dem Wegweiser „Tettenberg" (links). In diesem Dörflein lenken wir nach Süden, Richtung Otting. In Großscherzhausen benutzen wir nun das erste Strasserl nach rechts (Wanderweg 9, ab der Kreuzung begrastes Bauernwegerl). In Tettelham, nun auf der Teerstraße die Kirche passierend, finden wir unschwer zum Schloßberg vor dem Weiler Hofbauer.

Bereits im 8. Jh. war der **Schloßberg Tettelham** von einer Burg gekrönt. Hier saßen die Grafen, die zu jener Zeit ein Klösterchen, die „Cella Ottinga" in Otting stifteten, das allerdings nur kurze Zeit existierte, da die Mönche nach Michaelbeuern (Land Salzburg) berufen wurden. Im 14. Jh. entstand hier ein Pfleggericht, das aber dann 1685 nach Waging verlegt wurde, womit der Verfall der Burg begann; Mauerreste sind aber noch gut zu sehen! - Die Friedenskapelle wurde am 15.8.1947 eingeweiht (Näheres über sie und die Geschichte der Burg berichten zwei Tafeln beim Eingang).

Dieser Schloßberg hat uns auch als Aussichtsbühne sehr beglückt. An klaren Tagen kann sich der Betrachter an einem Panorama erfreuen, das von der Feste Hohensalzburg über den Dachstein bis zur Kampenwand reicht. Unser nächstes Ziel, das Kirchlein mit dem „fränkischen" Kirchturm zu unserer Rechten, hinter Bäumen hervorlugend, läßt uns wieder zu unseren Drahtrössern eilen und fröhlich weiterstrampeln.

In Höhe des ersten Gehöfts im Weiler Hofbauer lenken wir nach links auf den Weg V hinüber zum Wald. Dort im Gehölz, wo wir auf ein vorüberziehendes Schottersträßlein stoßen, folgen wir diesem nach rechts und erreichen so Froschham, ein einsam liegendes Anwesen.

Tip

In wenigen Minuten steigen wir von dort empor zur „fränkischen" Kapelle, anmutiger Mittelpunkt eines Wiesenareals.

Der Wegmarkierung 10 folgend, stoßen wir auf eine breitere Autostraße, die uns nach rechts rasch nach Kammer bringt.

Ein Freskant aus der Zeit der Spätgotik schuf im Gotteshaus St. Johannis Baptist von **Kammer** einen eindrucksvollen St. Christophorus. Im Mittelalter lebten die Gläubigen in der festen Überzeugung, das Schauen dieses „Christusträgers" würde sie vor jähem Tod bewahren. - Als Bauernbub wurde in diesem Dorf 1651 der spätere Barockhofbildhauer Balthasar Permoser geboren. Sein Hauptwerk hinterließ der Schüler Berninis am Dresdner Zwinger, reichen Figurenschmuck, der zwar 1945 in der schrecklichen Bombennacht zerstört, doch inzwischen wieder rekonstruiert wurde.

Neuhausen erreichen wir auf einem windungsreichen Sträßlein, das wie ein ausgeworfenes Seil vor uns liegt. Dort fädeln wir nach links, Richtung Aiging, ein, verschwinden im Wald und ziehen talwärts. Vor Kaltenbach biegen wir nach links ab. Auf der nächsten Etappe werden wir uns vorwiegend durch Waldareale bewegen. An der Wegspinne (Reichsberg) schlagen wir rechts ein. In diesem Revier wurde ein militärischer Standort-Übungsplatz errichtet (Betreten auf eigene Gefahr grundsätzlich erlaubt).

Tip

Bei Übungen müssen wir über Rettenbach ausweichen, d.h., bei besagter Wegspinne fahren wir geradeaus weiter, biegen in Rettenbach dann rechts ab in die von Kammer nach Traunstein ziehende Autostraße.

Völlig ungestört radeln wir südwärts. Auf einer großen Lichtung stoßen wir auf ein Denkmal zu unserer Rechten.

 Info Eine Tafel am **Husarenkreuz**, beschirmt von einem einzelstehenden Ahornbaum, erzählt von einer schaurigen Begebenheit im Jahre 1704, als der Vater eines geraubten Mädchens beim Versuch, sein Kind zu retten, von einem ungarischen Husaren kurzerhand geköpft wurde.

Wir behalten unsere Fahrtrichtung bei, passieren eine weitere Mordstätte und münden in den Radweg ein, der die von Rettenbach herziehende Autostraße begleitet. Die Abzweigung in Richtung „Trenkmoos" dürfen wir nicht übersehen. Noch vor jenem Weiler schwenken wir wieder südwärts ein und kommen hinter Hierankl rasch wieder in Ettendorf an, wo sich unser Rundkurs schließt. Ob Sie nun von der Ettendorfer Brücke aus den Traunweg nach rechts zum Bahnhof zurück benutzen oder geradeaus über das Zentrum diesem Ausgangspunkt zusteuern, bleibt Ihrer persönlichen Entscheidung überlassen.

Der idyllische Eschenauer See ist kein Toteissee, sondern gehört zum Weitmoos >

Serviceteil

Wichtiges für Bahn- und Schiffsbenutzer (Stand 1996)

Wenn Sie in Ihrer Freizeitplanung das anerkannt umweltfreundliche öffentliche Verkehrsmittel Bahn miteinbeziehen, wirken Sie nicht nur an der Verbesserung der ökologischen Situation mit, sondern vergrößern außer dem Aktionsradius auch noch Ihre Flexibilität in puncto Routengestaltung (Anreise- und Abreisebahnhof müssen ja nicht identisch sein!)

Vier unserer Ausgangsorte, Rosenheim, Prien, Übersee und Traunstein, liegen unmittelbar an der gleichen Bahnlinie München-Salzburg. Amerang und Seeon sind mit Hilfe relativ kurzer Etappen benachbarter Touren oder von den Bahnhöfen Wasserburg oder Bad Endorf bzw. Altenmarkt aus zu erreichen (siehe Aufstellung).

Die Deutsche Bahn AG ist bereit, Ihr Fahrrad mitzubefördern; an einigen Bahnhöfen können Sie sich aber auch einen Drahtesel mieten (Flickzeug nicht vergessen! - Nähere Informationen durch Broschüren bei den Bahnhöfen).

Zunehmend mehr private Fahrradvermietungen (Auskünfte bei den Verkehrsämtern) bieten ihre Dienste an.

Die nachfolgende Aufstellung bezeichnet die Vermietbahnhöfe mit „R".

In die beschriebenen Touren kann von folgenden Bahnhöfen aus eingestiegen werden:

Tour	Bahnhof, Haltepunkt, Tel.		Einstiegsort	Entfernung (km ab Bhf.)
1	Rosenheim, 08031/16734	R	Rosenheim	-
	Rott a. Inn		Rott a. Inn	-
2	Rosenheim, 08031/16734	R	Rosenheim	-
	Bad Endorf		Simssee/	
			Abzw. Prutting	7
3	Rosenheim, 08031/16734	R	Rosenheim	-
	Pfraundorf		Pfraundorf	-
	Raubling		Kirchdorf/Inn	1
	Brannenburg		Innbrücke/Nußdorf	2

	Flintsbach/Inn		Flintsbach/Inn	-
	Oberaudorf		Oberaudorf	-
	Kiefersfelden		Kiefersfelden	-
	Kufstein		Kufstein	-
4	Bad Endorf		Bad Endorf	-
5	Wasserburg		Bachmehring	7
6	Bad Endorf		Taiding 1)	12
	Wasserburg		Asham 2)	15
7	Prien, 08051/2874	R	Prien	-
	Bernau		Bernau	-
	Übersee		Feldwies 3)	3
8	Prien, 08051/2874	R	Prien	-
	Aschau		Aschau	-
9	Prien, 08051/2874	R	Prien	-
	Rosenheim, 08031/16734	R	Simssee 4)	9
10	Altenmarkt		Altenmarkt	-
	Trostberg		Trostberg	-
11	Altenmarkt		Höllthal	5
	Traunreut		Truchtlaching	7
12	Altenmarkt		Seeon	7
	Prien, 08051/2874	R	Eggstätt	10
13	Übersee		Übersee	-
	Bergen (in Bernhaupten)		Bernhaupten	-
	Traunstein		Vachendorf	4
14	Übersee		Übersee	-
15	Übersee		Übersee	-
	Bernau		Bernau	-
16	Traunstein		Traunstein	-
	Siegsdorf		Siegsdorf	-
	Eisenärzt		Eisenärzt	-
	Ruhpolding, 08663/1713	R	Ruhpolding	-
17	Traunstein		Traunstein	-
	Bergen (in Bernhaupten)		Bergen	2
	Siegsdorf		Siegsdorf	-
18	Traunstein		Traunstein	-
19	Traunstein		Traunstein	-
	Lauter		Lauter	-
	Waging am See		Waging am See	-

1) siehe Tour 4   2) siehe Tour 5   3) siehe Tour 13   4) siehe Tour 2

Eine Radltour mit einer Schiffahrt zu kombinieren, ist ein äußerst reizvolles Unterfangen. Ein Beispiel mag dies erläutern: Schiffahrt Prien-Chieming (Seebruck) plus Tour 18 (11), Rückkehr per Schiff bzw. alternativ per Rad auf dem Chiemsee-Rundweg (Tour 7) oder mit der Bahn ab Traunstein (Altenmarkt). Variationsmöglichkeiten gibt es in reichem Maße!

Prien, Bernau-Felden, Übersee-Feldwies, Chieming, Seebruck und Gstadt haben Schiffsanlegestellen. Fahrpläne finden Sie an den Stegen und in den Verkehrsämtern. Beachten Sie: Winterfahrplan von Anfang Oktober bis Ende Mai, Sommerfahrplan von Anfang Juni bis Ende September. Nähere Auskünfte bei der Chiemsee-Schiffahrt Ludwig Feßler, Prien, Tel. 08051/6090 und der Schiffahrt Gstadt/Chiemsee, Tel. 08054/9136 oder 7100.

Für den Besuch der Inseln gilt allerdings: Räder müssen am Ufer abgestellt werden!

Kartenhinweise

Kompass - Karten 1 : 50.000:
K 181 (1, 2, teilweise 3, 4 und 5); K 8 (teilweise 3); K 9 (teilweise 3); K 10 (7, 8, 9, 11, 12, 14, 15, teilweise 13 und 16); K 16 (17, 18, 19, teilweise 13 und 16).

Bayerisches Landesvermessungsamt Topographische Karten 1 : 50.000:
L 7938 (teilweise 5).

Fritsch, Wanderkarte „Rund um den Chiemsee" 1 : 50.000
(2, 4, 6, 7, 8, 9, 10, 11, 12, 13, 14, 15, 16, 17, 18, 19, teilweise 3).

RV-Wanderkarte 11455 1 : 30.000 (7, 8, 9, 11, 15).

(Die Zahlen in Klammern beziehen sich auf die Tourennummern im Buch)

Bergbahnen und -lifte

Aschau: Kampenwandseilbahn, Tel. 08052/4411.
Bergen: Hochfelln-Seilbahn, Tel. 08662/8189.
Brannenburg: Wendelstein-Zahnradbahn, Tel. 08034/3080.
Kufstein: Sesselbahn Wilder Kaiser, Tel. 0043/5372/62364.
Marquartstein: Hochplattenbahn, Tel. 08641/7216.
Oberaudorf: Hocheck-Sesselbahnen,Tel. 08033/1495.
Reit i. Winkl : Dürnbachhorn-Sessellift (Winklmoosalm), Tel. 08640/
    8148 und Walmberg-Sesselbahn, Tel. 08640/8123.
Ruhpolding: Rauschbergbahn, Tel. 08663/5945 und Doppelsesselbahn
    auf den Unternberg, Tel. 08663/5960.
Samerberg: Hochries-Kabinenbahn (Grainbach), Tel. 08032/8404.
Schleching-Ettenhausen: Geigelstein-Sesselbahn, Tel. 08649/335.

Nostalgiebahnen

Prien: Chiemsee-Bahn („Priener Bockerl") von Prien nach Stock
    (Hafen), Tel. 08051/6090.
Kiefersfelden: „Wachtl-Expreß" (Museums-Schmalspurbahn mit
    Waggons der Wendelsteinbahn in Brannenburg) fährt an
    7 Wochenenden von Kiefersfelden nach Wachtl, Fahrplan und
    weitere Informationen bei Kur- und Verkehrsamt Kiefersfelden,
    Tel. 08033/976527.

Auskunftstellen

Amerang: Verkehrsamt, 83123 Amerang, Tel. 08075/919711, Fax 919719.
Aschau: Kurverwaltung, 83229 Aschau i.Ch., Tel. 08052/904937,
    Fax 4717.
Bad Endorf: Kurverwaltung, 83093 Bad Endorf, Tel. 08053/9422,
    Fax 300830.
Bergen: Verkehrsamt, 83346 Bergen, Tel. 08662/8321, Fax 5855.
Bernau: Kur- und Verkehrsamt, 83230 Bernau a.Ch., Tel. 08051/7218
    u. 89280, Fax 800850.
Brannenburg: Verkehrsamt, 83098 Brannenburg, Tel. 08034/4515,
    Fax 9581.
Chieming: Verkehrsamt, 83335 Chieming, Tel. 08664/245, Fax 8998.

Ebbs: Tourismusverband, A - 6341 Ebbs, Tel. 0043/5373/2326,
Fax 2960.

Eggstätt: Verkehrsamt, 83125 Eggstätt, Tel.08056/1500, Fax 1422.

Flintsbach: Verkehrsamt, 83126 Flintsbach, Tel. 08034/1813, Fax 2062.

Grabenstätt: Verkehrsamt, 83355 Grabenstätt, Tel. 08661/988731,
Fax 988740.

Grassau: Verkehrsamt, 83224 Grassau, Tel. 08641/2340, Fax 400841.

Gstadt-Gollenshausen: Verkehrsamt, 83257 Gstadt, Tel. 08054/339,
Fax 7997.

Inzell: Verkehrsverein e.V., 83334 Inzell, Tel. 08665/98850, Fax 988530.

Kiefersfelden: Kur- und Verkehrsamt, 83088 Kiefersfelden, Tel. 08033/
976527, Fax 976544.

Kufstein: Tourismusverband, A - 6330 Kufstein, Tel. 0043/5372/62207,
Fax 61455.

Neubeuern: Verkehrsamt, 83115 Markt Neubeuern, Tel. 08035/2165,
Fax 2165.

Niederndorf: Tourismusverband, A - 6342 Niederndorf, Tel. 0043/
5373/61377, Fax 61180.

Nußdorf: Verkehrsamt, 83131 Nußdorf a.Inn, Tel. 08034/2387,
Fax 1272.

Oberaudorf: Kur- und Verkehrsamt, 83080 Oberaudorf, Tel. 08033/
30120, Fax 30129.

Obing: Verkehrsamt, 83119 Obing, Tel. 08624/2234, Fax 1680.

Prien: Kurverwaltung, 83209 Prien a.Ch., Tel. 08051/69050,
Fax 690540.

Reit i.Winkl: Verkehrsamt, 83237 Reit i.Winkl, Tel. 08640/80020,
Fax 80029.

Rimsting: Verkehrsamt, 83251 Rimsting, Tel. 08051/4461, Fax 61694.

Rosenheim: Verkehrsbüro am Salingarten, 83022 Rosenheim,
Tel. 08031/300110, Fax 300165.

Ruhpolding: Kurverwaltung, 83324 Ruhpolding, Tel. 08663/1268,
Fax 9687.

Samerberg: Verkehrsamt Samerberg, 83122 Törwang, Tel. 08032/
8606, Fax 8887.

St. Leonhard a. W.: Verkehrsamt, 83329 St. Leonhard , Tel. 08681/246.

Schleching: Verkehrsamt, 83259 Schleching, Tel. 08649/220, Fax 1330.

Seebruck: Verkehrsamt, 83358 Seebruck, Tel. 08667/7139, Fax 7415.

Seeon: Verkehrsamt, 83370 Seeon, Tel. 08624/2155, Fax 2784.

Siegsdorf: Verkehrsamt, 83313 Siegsdorf, Tel. 08662/498745,
Fax 498750.

Traunstein: Städt. Verkehrsamt, 83278 Traunstein, Tel. 0861/65273, Fax 65294.
Übersee-Feldwies: Verkehrsamt, 83236 Übersee, Tel. 08642/295 oder 898950, Fax 6214.
Unterwössen: Verkehrsamt, 83246 Unterwössen, Tel. 08641/8205, Fax 978926.
Waging am See: Verkehrsamt, 83325 Waging am See, Tel. 08681/313 u. 334, Fax 9676.

(Siehe auch Touren-Infos am Schluß der jeweiligen Tour)

Jährlich wiederkehrende Veranstaltungen

Ostermontag, Georgiritt und historischer Schwertertanz in Traunstein, Auskunft Tel. 0861/65273.
Letzter Aprilsonntag, Georgimarkt in Grassau, Auskunft Tel. 08641/2340.
Christi Himmelfahrt, Trachtenwallfahrt von Unterwössen nach Raiten, Auskunft Tel. 08641/8205.
3. Maisonntag, Trachtenwallfahrt nach Maria Eck bei Siegsdorf, Auskunft Tel. 08662/498745.
Ende Juli/Anfang August, Seehafenfest in Seebruck, Auskunft Tel. 08667/7139.
1. Septembersonntag, Georgi-Ritt in Ruhpolding, Auskunft Tel. 08663/1268.
Sonntag nächst 29. September, Michaeli-Ritt in Inzell, Auskunft Tel. 08665/862.
Letzter Septembersamstag, Michaeli-Markt in Grassau, Auskunft Tel. 08641/2340.
Letzter Oktobersonntag, Leonhardi-Ritt in Grassau, Auskunft Tel. 08641/2340.
Letzter Oktobersonntag, Leonhardi-Ritt in Truchtlaching, Auskunft Tel. 08667/7133.
Sonntag nächst 6. November, Leonhardi-Ritt in St. Leonhard am Wonneberg, Auskunft Tel. 08681/264.
1. Novembersonntag (nicht an Allerheiligen), Leonhardi-Ritt in Übersee-Almau, Auskunft Tel. 08642/295 oder 898950.

Testen Sie sich!

Wissen Sie schon,

- wo es die größte Kunstuhr der Welt gibt?
- was sich unter dem Begriff der Jakobsmuschel verbirgt?
- wann der erste Raddampfer auf dem Chiemsee fuhr?
- wo das „Raubritternest" von Heinz von Stein dem Wilden zu suchen ist?
- in welcher romantischen Innstadt täglich um 12 Uhr die größte Freiorgel der Welt erklingt?
- was Bundwerk ist?
- wo es einen „Schnauferlstall" gibt?
- wen man früher einen Samer nannte?
- wo ein hinreißender Wasserfall mit einer Sturzhöhe von 200 m die Grenze zwischen Bayern und dem Salzburger Land markiert?
- welcher Gebirgsfluß sich durch die Entenlochklamm zwängt?
- wo alljährlich am Ostermontag ein Schwertertanz aufgeführt wird?
- in welchem Dorf es die Deutsche Alpensegelflugschule gibt?
- wo eine über 100 Jahre alte Dampftrambahn fährt?
- was ein Gottesbriefkasten ist?
- wo in Oberbayern die stärkste Jod-Thermalsolequelle Europas sprudelt?
- wo die Schauspielerin Elisabeth Flickenschildt begraben liegt?
- was man unter „Trostberger Orgel" versteht?
- wo 1975 ein Schüler Skeletteile eines Mammuts entdeckte?
- wo?
- was?
- welche?
- wann?

Nein?

Die Antworten auf unsere Fragen finden Sie in diesem Radwanderführer!

Ortsregister

Personenregister

Notizen

Radwander-Bücher

ISBN 3-924012-40-7 DM 24.80

ISBN 3-924012-71-7 DM 26.80

ISBN 3-924012-82-2 DM 24.80

ISBN 3-924012-83-0 DM 24.80

ISBN 3-89306-023-5 DM 24.80

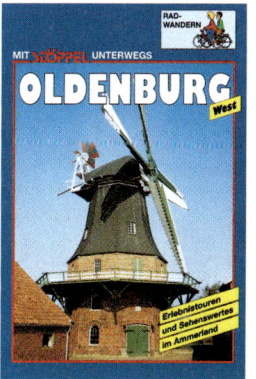

ISBN 3-924012-73-3 DM 26.80

ISBN 3-924012-57-1 DM 24.80

ISBN 3-924012-47-4 DM 24.80

ISBN 3-924012-65-2 DM 24.80

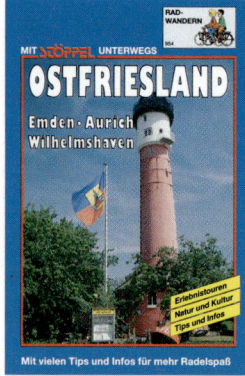

ISBN 3-924012-85-7 DM 24.80

ISBN 3-924012-98-9 DM 24.80

ISBN 3-89306-069-3 DM 24.80

ISBN 3-924012-92-X DM 24.80

ISBN 3-89306-070-7 DM 29.80

ISBN 3-924012-93-8 DM 24.80

ISBN 3-924012-69-5 DM 24.80

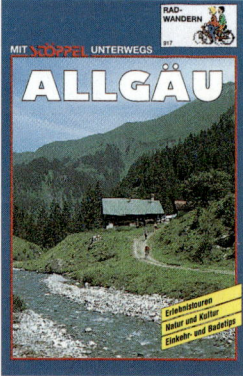

ISBN 3-924012-46-6 DM 24.80

Radwander-Bücher

ISBN 3-924012-81-4 DM 24.80

ISBN 3-924012-88-1 DM 24.80

ISBN 3-924012-04-0 DM 24.80

ISBN 3-924012-32-6 DM 24.80

ISBN 3-924012-16-4 DM 24.80

ISBN 3-924012-02-4 DM 24.80

ISBN 3-924012-94-6 DM 24.80

ISBN 3-924012-89-X DM 24.80

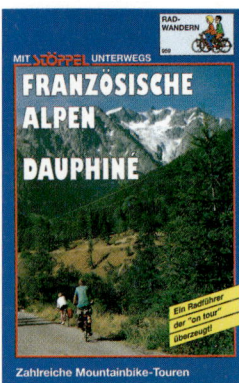

MIT STÖPPEL UNTERWEGS

RAD-WANDERN

FRANZÖSISCHE ALPEN DAUPHINE

Ein Radführer der "on tour" überzeugt!

Zahlreiche Mountainbike-Touren

ISBN 3-924012-90-3 DM 29.80

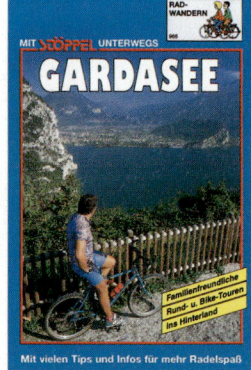

MIT STÖPPEL UNTERWEGS

RAD-WANDERN

GARDASEE

Familienfreundliche Rund- u. Bike-Touren ins Hinterland

Mit vielen Tips und Infos für mehr Radelspaß

ISBN 3-924012-96-2 DM 29.80

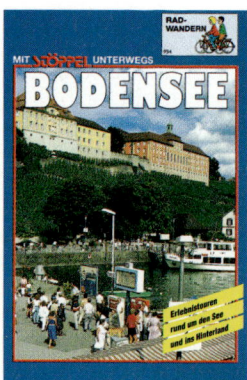

MIT STÖPPEL UNTERWEGS

RAD-WANDERN

BODENSEE

Erlebnistouren rund um den See und ins Hinterland

ISBN 3-924012-63-6 DM 19.80

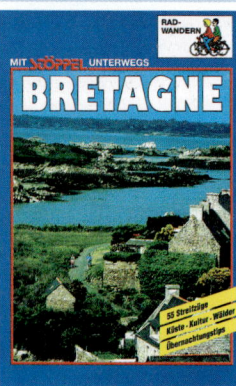

MIT STÖPPEL UNTERWEGS

RAD-WANDERN

BRETAGNE

55 Streifzüge Küste · Kultur · Wälder Übernachtungstips

ISBN 3-924012-68-7 DM 29.80

MIT STÖPPEL UNTERWEGS

RAD-WANDERN

LOIRETAL

Berühmte Schlösser Landschaften Küche und Keller

ISBN 3-924012-76-8 DM 29.80

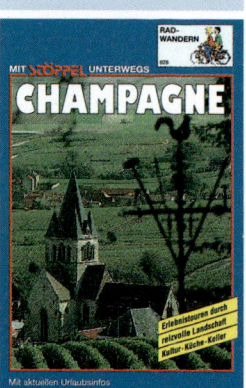

MIT STÖPPEL UNTERWEGS

RAD-WANDERN

CHAMPAGNE

Erlebnistouren durch reizvolle Landschaft Kultur · Küche · Keller

Mit aktuellen Urlaubsinfos

ISBN 3-924012-53-9 DM 26.80

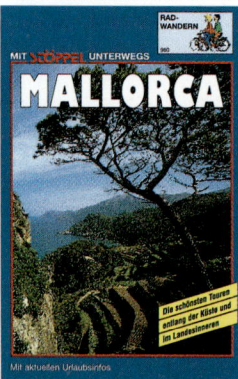

MIT STÖPPEL UNTERWEGS

RAD-WANDERN

MALLORCA

Die schönsten Touren entlang der Küste und im Landesinneren

Mit aktuellen Urlaubsinfos

ISBN 3-924012-91-1 DM 29.80

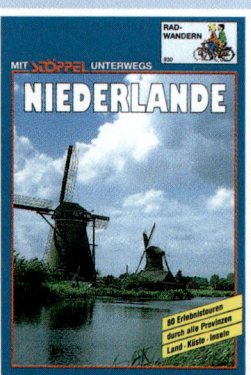

MIT STÖPPEL UNTERWEGS

RAD-WANDERN

NIEDERLANDE

90 Erlebnistouren durch alle Provinzen Land · Küste · Inseln

ISBN 3-924012-60-1 DM 29.80

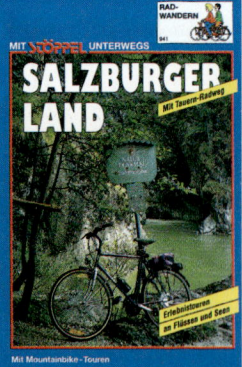

MIT STÖPPEL UNTERWEGS

RAD-WANDERN

SALZBURGER LAND

Mit Tauern-Radweg

Erlebnistouren an Flüssen und Seen

Mit Mountainbike-Touren

ISBN 3-924012-70-9 DM 26.80

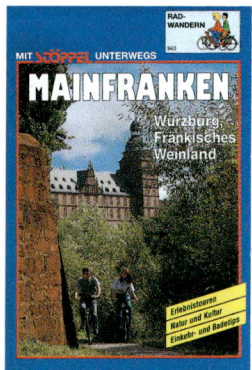

Radwander-Bücher

ISBN 3-924012-72-5 DM 24.80

ISBN 3-924012-79-2 DM 24.80

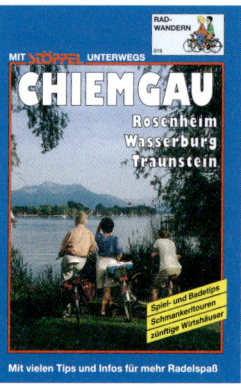

ISBN 3-89306-099-5 DM 10.00

ISBN 3-924012-48-2 DM 24.80

ISBN 3-924012-59-8 DM 24.80

Weitere lieferbare Titel:

Aachen-Nordeifel
ISBN 3-924012-43-1   DM 19.80

Altötting/Traunstein/Bad Reichenhall
ISBN 3-924012-49-0   DM 19.80

Augsburg mit Naturpark Westl. Wälder
ISBN 3-924012-39-3   DM 24.80

Berlin Ost/Strausberg/Bernau
ISBN 3-924012-41-5   DM 19.80

Bremen mit Umgebung
ISBN 3-924012-66-0   DM 24.80

Frankfurt Süd/Darmstadt-Worms
ISBN 3-924012-67-9   DM 24.80

Frankfurt Nord-Ost/Fulda/Gießen
ISBN 3-924012-61-X   DM 24.80

Hamburg Nord/Ost
ISBN 3-924012-44-X   DM 19.80

Hamburg Süd/West
ISBN 3-924012-56-3   DM 19.80

Hannover Ost
ISBN 3-924012-64-4   DM 19.80

Nürnberg Nord/Fränk. Schweiz/ Rangau
ISBN 3-924012-54-7   DM 24.80

Radwege-Karte

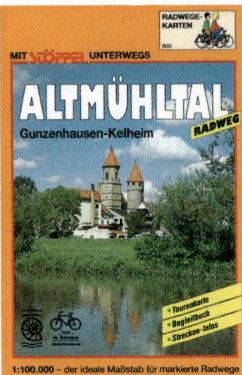

ISBN 3-89306-802-3 DM 16.80

ISBN 3-89306-803-1 DM 16.80

ISBN 3-89306-807-4 DM 17.80   ISBN 3-89306-804-X DM 16.80   ISBN 3-89306-801-5 DM 16.80

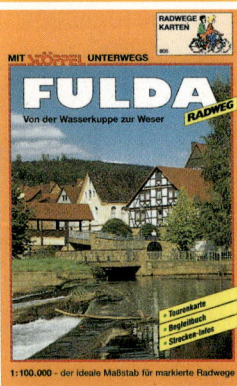

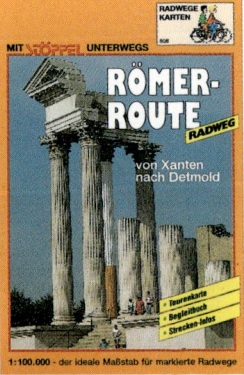

ISBN 3-89306-806-6 DM 16.80   ISBN 3-89306-805-8 DM 17.80   ISBN 3-89306-808-2 DM 16.80

Wandern

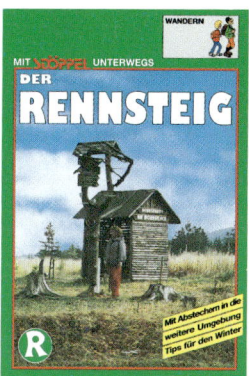

ISBN 3-924012-74-1 DM 24.80

ISBN 3-924012-27-X DM 24.80

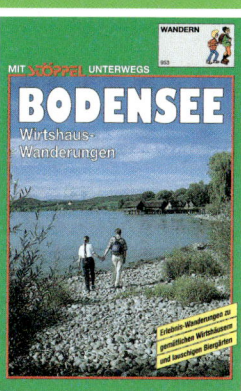

ISBN 3-924012-38-5 DM 24.80

ISBN 3-924012-50-4 DM 24.80

ISBN 3-924012-84-9 DM 24.80

Weitere lieferbare Titel:

Augsburg Donau bis Ammersee
ISBN 3-924012-42-3   DM 19.80

Bayrischer Wald-Böhmerwald
mitRundfahrten
ISBN 3-924012-58-X   DM 26.80

Dresdner Elbtal/Sächsische Schweiz
Erzgebirge mit Rundfahrten
ISBN 3-924012-51-2   DM 29.80

ISBN 3-924012-99-7 DM 24.80

Freizeit
mit Kindern

ISBN 3-924012-75-x DM 26.80   ISBN 3-924012-87-3 DM 26.80

ISBN 3-924012-78-4 DM 26.80   ISBN 3-924012-80-6 DM 26.80   ISBN 3-924012-77-6 DM 26.80

Sauerland-Siegerland

Allgäu-Bayr. Schwaben

———

Oberbayern Ost

ISBN 3-924012-95-4 DM 26.80   ISBN 3-924012-97-0 DM 26.80   **Weitere Titel in Vorbereitung**

Stöppel · Freizeitführer 919

Alma-Maria und Robert Schätzl

Chiemgau

Schmankerltouren mit zahlreichen Bergwandertips

Übersichtskarte